BestMasters

Mit „BestMasters" zeichnet Springer die besten Masterarbeiten aus, die an renommierten Hochschulen in Deutschland, Österreich und der Schweiz entstanden sind. Die mit Höchstnote ausgezeichneten Arbeiten wurden durch Gutachter zur Veröffentlichung empfohlen und behandeln aktuelle Themen aus unterschiedlichen Fachgebieten der Naturwissenschaften, Psychologie, Technik und Wirtschaftswissenschaften. Die Reihe wendet sich an Praktiker und Wissenschaftler gleichermaßen und soll insbesondere auch Nachwuchswissenschaftlern Orientierung geben.

Springer awards "BestMasters" to the best master's theses which have been completed at renowned Universities in Germany, Austria, and Switzerland. The studies received highest marks and were recommended for publication by supervisors. They address current issues from various fields of research in natural sciences, psychology, technology, and economics. The series addresses practitioners as well as scientists and, in particular, offers guidance for early stage researchers.

Marcus Gercke

Trends und Determinanten sozialer Probleme in reichen Ländern

Eine Zeitreihenanalyse über drei Dekaden

 Springer VS

Marcus Gercke
Institut für Gesellschaftswissenschaften,
Fakultät für Humanwissenschaften
Otto-von-Guericke-Universität Magdeburg
Magdeburg, Deutschland

Diese Publikation wurde unterstützt durch den Open-Access-Publikationsfonds der Universität Magdeburg.

ISSN 2625-3577   ISSN 2625-3615 (electronic)
BestMasters
ISBN 978-3-658-39864-4   ISBN 978-3-658-39865-1 (eBook)
https://doi.org/10.1007/978-3-658-39865-1

Die Deutsche Nationalbibliothek verzeichnet diese Publikation in der Deutschen Nationalbibliografie; detaillierte bibliografische Daten sind im Internet über http://dnb.d-nb.de abrufbar.

Planung/Lektorat: Stefanie Probst
Springer VS ist ein Imprint der eingetragenen Gesellschaft Springer Fachmedien Wiesbaden GmbH und ist ein Teil von Springer Nature.
Die Anschrift der Gesellschaft ist: Abraham-Lincoln-Str. 46, 65189 Wiesbaden, Germany

Danksagung

Von der ersten Konzeption bis zur Fertigstellung dieser Arbeit waren viele Menschen beteiligt. Ich möchte mich zunächst bei meinem Erstgutachter Jan Delhey für die fachliche und konzeptionelle Unterstützung sowie für seine ausgezeichnete Förderung und Beratung bedanken. Seiner Initiative verdanke ich, dass diese Arbeit in der *Springer Best Master Serie* erschienen ist.

Besonderer Dank gebührt auch meiner Zweitgutachterin Leonie Steckermeier, für ihre Anregung zum Thema, ihre Geduld und Zeit im Angesicht meiner vielen Fragen und für ihre herausragende Rolle als Mentorin. Für ihre Geduld bei der Beantwortung meiner vielen Statistikfragen, ihre Korrekturen und Anmerkungen am Manuskript sowie für ihre wichtige emotionale Arbeit danke ich meiner wichtigen Wegbegleiterin Stephanie Heß. Außerdem danke ich den vielen anderen Mitarbeiter*innen am Lehrstuhl für Allgemeine Soziologie/ Makrosoziologie der Otto-von-Guericke-Universität Magdeburg für die produktive und familiäre Arbeitsatmosphäre: Christian Schneickert, Heiko Schrader, Auke Aplowski, Stephanie Börner, Fabrice Westphal und Philipp Kahnert. Im Besonderen danke ich Christian Schneickert. Durch seine Initiative wurde ich Teil dieses beeindruckenden Teams. Außerdem danke ich der Universitätsbibliothek der Otto-von-Guericke-Universität Magdeburg für die finanzielle Förderung der Open-Access-Publikationsgebühren.

Ich bedanke mich bei meinen Eltern, Thea und Stefan Gercke, für ihre bedingungslose persönliche und finanzielle Unterstützung in allen Lebenslagen. Ohne sie wären mir viele Möglichkeiten und Erfahrungen verwehrt geblieben. Außerdem möchte ich meiner Schwester Magdalena Förster danken. Sie ist für mich, wie keine zweite Person, ein akademisches und menschliches Vorbild. Zuletzt möchte ich meiner Partnerin, Leonie Oevel, den wohl wichtigsten Dank aussprechen: Für ihre große Hilfe bei der Korrektur des Manuskripts, für ihre Rolle als bedeutende Stütze im Privaten sowie für ihre Erinnerung daran, dass es abseits der Arbeit auch noch ein Leben gibt.

Inhaltsverzeichnis

Abbildungsverzeichnis

Tabellenverzeichnis

Einleitung 1

Gewalt trifft Menschen direkt, erzeugt handlungseinschränkende Ängste, vermindert Lebensqualität und bedroht den sozialen Frieden (Blau & Blau, 1982; Hoeffler, 2017). *Inhaftierungen* gehen mit sozialem Ausschluss, Stigmatisierungen sowie hohen Gemeinschaftskosten einher und sind stärker von der nationalen Bestrafungs- bzw. Resozialisierungskultur abhängig als von der jeweiligen Kriminalitätsrate (Kury & Kuhlmann, 2020; Lappi-Seppälä, 2011). *Teenagerschwangerschaften* und *niedrige Bildung* führen zu sozialer Ausgrenzung, niedrigen Aufstiegschancen, Stigmatisierung und Marginalisierung. Außerdem werden Kinder jugendlicher Mütter häufiger straffällig, sind schlechter gebildet und neigen selbst zu Teenagerschwangerschaften (Liu et al., 2018; Spencer, 2001). Personen mit niedriger Bildung verdienen weniger, sind unzufriedener mit ihrem Leben und häufiger krank. Darüber hinaus verringert ein niedriger Bildungsstand innerhalb eines Landes die gesamtgesellschaftliche Produktivität, das Steueraufkommen, die Wahlbeteiligung sowie das soziale Engagement und erhöht die Kriminalitätsrate (Bourdieu, 1971; Chmielewski & Reardon, 2016; Hopfenbeck et al., 2018). *Niedrige Wahlbeteiligungen* sind demokratiegefährdend. Sie führen zu einer schleichenden Delegitimierung von Macht und Herrschaft und leisten radikalen und populistischen Kräften Vorschub. Dabei zeigen sich große soziodemographische Unterschiede in der Nichtwähler*innenschaft: Sie ist im Mittel ärmer, schlechter gebildet und erwartet keine Veränderung von der Politik, was einen problematischen Entfremdungskreislauf in Gang setzt: Sozial Benachteiligte gehen weniger häufig wählen, wodurch ihre Interessen und Bedürfnisse weniger stark vertreten werden, was wiederum die Attraktivität von Wahlen und die damit einhergehende Wahlbereitschaft verringert (A. Schäfer, 2013; Schattschneider, 1960; Solt, 2010). Ob *Gewalt, Inhaftierungen, Teenagerschwangerschaften, niedrige Bildung* oder *niedrige Wahlbeteiligung* – Soziale Probleme sind typische Phänomene starker sozialer Ungleichheit und gehen auch

M. Gercke, *Trends und Determinanten sozialer Probleme in reichen Ländern*, BestMasters, https://doi.org/10.1007/978-3-658-39865-1_1

in wohlhabenden Ländern mit erheblichen sozialen und ökonomischen Kosten
für Individuum und Gesellschaft einher (Pickett & Wilkinson, 2016 [2010]). Entsprechend groß ist das politische und gesamtgesellschaftliche Interesse an ihrer
Bewältigung und Überwindung. Die vorliegende Masterarbeit untersucht eine
Auswahl relevanter ökonomischer und sozialer Einflussfaktoren auf das Ausmaß
dieser fünf sozialen Probleme in 40 wohlhabenden Ländern über einen Zeitraum
von drei Dekaden (1990 bis 2020).

In der empirischen Sozialforschung werden unterschiedliche Ansätze verhandelt, welche die Verteilung sozialer Probleme erklären und entsprechende
Lösungsansätze bereitstellen. Ein Ansatz von herausragender wissenschaftlicher
und politischer Popularität basiert auf der *Einkommensungleichheitshypothese.*
Diese Hypothese hat ihren Ursprung in der Gesundheitssoziologie (Kawachi
et al., 1997; Rodgers, 1979; Wilkinson, 2002) und wurde im Rahmen von Wilkinson und Picketts *Spirit Level Theory* (2016 [2010]) auf soziale Probleme erweitert.
Sie dient der vorliegenden Arbeit als theoretischer Zugang und argumentiert,
dass reiche Gesellschaften umso stärker von gesundheitlichen und sozialen Problemen betroffen sind, je ungleicher ihre Einkommen verteilt sind. Vermittelt
werde dieser Effekt durch das höhere Ausmaß von Statusängsten und Statusstress in ungleicheren Gesellschaften. Außerdem postulieren sie, dass eine weitere
Steigerung von Einkommen und Wohlstand in reichen Gesellschaften keinen
dämpfenden Einfluss mehr auf das Ausmaß entsprechender Probleme habe. Die
Autor*innen schließen daraus, dass in der Um- und Gleichverteilung von Einkommen und Wohlstand der Schlüssel in der Bewältigung gesundheitlicher und
sozialer Probleme liege und eine gleichere Gesellschaft am Ende besser für alle
sei. Ihre Publikation wurde bereits in den ersten fünf Jahren in 23 Sprachen
übersetzt, mehr als 150.000-mal verkauft und intensiv von Politik und Medien
rezipiert (Rambotti, 2015). Die *Spirit Level Theory* belebte die Debatte innerhalb
der empirischen Sozialforschung über die Einkommensungleichheitshypothese
aufgrund ihrer methodologischen Innovationen *und* Defizite. Einerseits erweiterte
sie (1) den Anwendungsbereich der Hypothese auf soziale Probleme; arbeitete (2)
detailliert heraus, dass sich gesundheitliche und soziale Probleme gleichermaßen
negativ auf Individuum und Gesellschaft auswirken und (3) Einkommensungleichheit sich vor allem auf jene Probleme negativ auswirkt, die durch einen
sozialen Gradienten charakterisiert sind (Pickett & Wilkinson, 2016 [2010]).
Andererseits stehen Wilkinson und Picketts Forschungsergebnisse und Forderungen aufgrund beträchtlicher methodologischer Defizite in der Kritik (Delhey &
Steckermeier, 2019; Saunders & Evans, 2010; Snowdon, 2010). Diese Defizite
lassen sich in folgenden vier Punkten zusammenfassen (Delhey & Steckermeier,
2020): (1) Die unzureichend begründete Auswahl von 23 wohlhabenden Länder

hegt den Verdacht der Rosinenpickerei. Dieses Länderset ist vor dem Hintergrund von 80 klar klassifizierbaren reichen Ländern (s. Abschnitt 3.1) äußerst klein und abgesehen von Japan (und manchmal Singapur) ausschließlich westlich. (2) Die zusammengetragenen Daten werden lediglich zu einem Zeitpunkt analysiert. Dadurch können keine Veränderungen über die Zeit modelliert und Trendaussagen getroffen werden. Außerdem liegen die Beobachtungszeitpunkte der ins Verhältnis zueinander gesetzten Variablen teilweise über 10 Jahre auseinander. Zudem variiert das untersuchte Länderset, abhängig vom untersuchten Problem, zwischen 8 und 23 Ländern stark. (3) Die in der *Spirit Level Theory* getätigten Kausalaussagen basieren auf den Ergebnissen einfacher ökologischer Korrelationen, die in Streudiagrammen dargestellt wurden. Dabei wurden weder Korrelationskoeffizienten noch Signifikanzniveaus berichtet und die Ergebnisse nicht von Ausreißern bereinigt. (4) Der Einfluss alternativer ökonomischer und kultureller Ländercharakteristika auf das Ausmaß gesundheitlicher und sozialer Probleme wird von Wilkinson und Pickett nicht überprüft. Dazu gehören z. B. Wohlstand (Snowdon, 2010), ethnische Fraktionalisierung (Saunders & Evans, 2010), Vertrauen (Kragten & Rözer, 2017) oder das gesellschaftliche Werteklima (Booth, 2021; Delhey & Steckermeier, 2019). Darüber hinaus nehmen sie keinen Bezug auf die Erkenntnisse jahrzehntelanger Ungleichheitsforschung (z. B. Jencks, 2002; Kawachi et al., 1997; Rodgers, 1979). Trotz oder gerade wegen ihrer methodologischen Defizite hat die *Spirit Level Theory* die Analyse ökonomischer und sozialer Ungleichheiten wieder in den Fokus sozialwissenschaftlicher Analysen gerückt.

Vor diesem Hintergrund wird die vorliegende Masterarbeit die in der Theorie aufgestellten Annahmen für die *fünf* oben beschriebenen sozialen Probleme prüfen. Vier dieser Probleme – das Ausmaß an Gewalt, die Zahl der Gefängnisstrafen, Teenagerschwangerschaften und mangelhafte schulische Leistungen – stammen direkt aus der *Spirit Level Theory*. Darüber hinaus wird Wilkinson und Picketts Set sozialer Probleme um ein *neues* erweitert – und zwar um das Problem *niedriger Wahlbeteiligung* (Schattschneider, 1960; Solt, 2010). Die Überprüfung der Einkommensungleichheitshypothese erfolgt in einer Art und Weise, die die methodologischen Probleme der *Spirit Level Theory* weitgehend auflöst: (1) Die Länderauswahl und der Untersuchungszeitraum werden deutlich erweitert (40 Länder, 1990 bis 2020) und transparent begründet. Datenlücken werden interpoliert und das Länderset von Ausreißern bereinigt. (2) Wohlstand, ethnische Fraktionalisierung, Vertrauen sowie das gesellschaftliche Werteklima werden als weitere Einflussfaktoren in die Analyse aufgenommen, um die Eindimensionalität abzubauen. (3) Im Gegensatz zu Wilkinson und Picketts Vorgehen werden im ersten Teil der Analyse bivariate ökologische Korrelationen zwischen den Einflussfaktoren und Problemen für *jedes* Jahr im Untersuchungszeitraum geschätzt. Dabei wird eine ein-Jahres-Verzögerung zwischen den abhängigen und unabhängigen Variablen etabliert, um der Annahme Rechnung zu tragen, dass sich ökonomische und kulturelle Veränderungen mit einer gewissen zeitlichen Verzögerung auf das Ausmaß sozialer Probleme auswirken. Während sich Wilkinson und Picketts auf die Berechnung einfacher bivariater Korrelationen beschränken, werden im zweiten und dritten Teil der vorliegenden Analyse bi- und multivariate gepoolte OLS- und Two-Way Fixed Effects Regressionsmodelle geschätzt. Sie liefern detaillierte Informationen über den Einfluss der ökonomischen und kulturellen Faktoren im Länderquerschnitt (*gepoolter OLS*) sowie im zeitlichen Verlauf unter Ausschluss unbeobachteter zeitkonstanter Ländermerkmale (*Fixed Effects*), wie z. B. religiöse und humanistische Traditionslinien oder kulturelle und demographische Besonderheiten. Darüber hinaus können durch das multivariate Design die verschiedenen Einflüsse der unabhängigen Variablen gegeneinander getestet werden, was eine detailliertere Überprüfung der Einkommensungleichheitshypothese ermöglicht. In diesem Zusammenhang wird folgende Forschungsfrage formuliert:

Wie beeinflussen Einkommensungleichheit, Wohlstand, ethnische Fraktionalisierung, Vertrauen und das gesellschaftliche Werteklima das Ausmaß der ausgewählten sozialen Probleme in wohlhabenden Ländern?

Diese Forschungsfrage wird vor dem Hintergrund zwei wesentlicher Forschungslücken bearbeitet. Erstens, während ein dichter Forschungsstand Zusammenhänge zwischen den Einflussfaktoren und sozialen Problemen im zeitlichen Querschnitt für einzelne Länder beschreibt (s. Abschnitt 2.1), existieren kaum Längsschnittuntersuchungen, welche Aussagen über Trends und Entwicklungen zulassen. Zweitens, die wenigen wissenschaftlichen Arbeiten, die den Effekt von Einkommensungleichheit auf soziale und gesundheitliche Probleme im Zeitverlauf untersuchen (z. B. Delhey & Steckermeier, 2020), weisen darauf hin, dass Einkommensungleichheit allein ein eher unzureichender Prädiktor ist, um die Verteilung entsprechender Probleme in wohlhabenden Ländern zu erklären. Entsprechend werden wichtige Erkenntnisgewinne aus den Längsschnittuntersuchungen und der multivariaten Erweiterung des Sets untersuchter Einflussfaktoren erwartet.

Zur Beantwortung der Forschungsfrage wird im folgenden Kapitel der theoretische Zugang über die *Spirit Level Theory* genauer erläutert (Abschnitt 2.1).

Im anschließenden Abschnitt 2.2 wird die Auswahl der vier weiteren zentralen Einflussfaktoren auf das Ausmaß sozialer Probleme beschrieben: Wohlstand, ethnischer Fraktionalisierung, Vertrauen und das gesellschaftlichen Werteklima. Abschließend werden fünf theoriebezogene Forschungshypothesen aufgestellt und relevante Forschungsergebnisse im Kontext der erwarteten Zusammenhänge dargestellt (Abschnitt 2.3). Nach einer kurzen Zusammenfassung der Theorien und Forschungsstände (Abschnitt 2.4) werden im dritten Kapitel die Länder- und Datenauswahl sowie das analytische Vorgehen beschrieben (Abschnitt 3.1 bis 3.3). Nachfolgend werden im vierten Kapitel die Forschungsergebnisse entlang der fünf untersuchten sozialen Probleme präsentiert (Abschnitt 4.1 bis 4.5) und zusammengefasst (Abschnitt 4.6). Danach werden die Ergebnisse vor dem Hintergrund der aufgestellten Forschungshypothesen diskutiert (Kapitel 5). Abschließend werden die Hauptergebnisse der Masterarbeit im Fazit zusammengefasst, Limitationen aufgezeigt und ein Ausblick auf zukünftige Forschungsbedarfe gegeben (Kapitel 6).

Theorie und Forschungsstand 2

2.1 Theoretischer Zugang: Die Einkommensungleichheitshypothese

Die Einkommensungleichheitshypothese (Kawachi et al., 1997; Wilkinson, 2002) ist eine Theorie mittlerer Reichweite, welche ihren Ursprung in den Gesundheitswissenschaften besitzt. Ihrer Annahme nach sind Gesellschaften, in denen Einkommen und Wohlstand ungleicher verteilt sind, weniger gesund und stärker von sozialen Problemen betroffen. Ihr Gültigkeitsanspruch beschränkt sich dabei auf wohlhabende Gesellschaften und ist im wissenschaftlichen Diskurs seither umstritten (Judge et al., 1998; Lynch et al., 2004). Mit Blick auf die Bevölkerungsgesundheit kommen empirische Studien zu unterschiedlichen Ergebnissen. Während Avendano und Hessel (2015) nur geringe Hinweise für eine Bestätigung der Ungleichheitshypothese finden und diesen darüber hinaus als über die Zeit abnehmend beschreiben, zeigen Kragten, Nigel und Rözer (2017), dass die Erklärkraft der Hypothese von ihrer methodischen Einbettung abhängig ist und die Einkommensungleichheit in Verbindung mit Mediatorvariablen wie z. B. dem sozialen Vertrauen zu einem besseren Verständnis zwischen Ungleichheit und Bevölkerungsgesundheit beitragen kann. Durch das 2010 erschienene populärwissenschaftliche Buch der beiden Gesundheitswissenschaftler Richard G. Wilkinson und Kate Pickett „The Spirit Level – Why Equality is better for Everyone" (von hier an Spirit Level Theory) erfuhr die Einkommensungleichheitshypothese ein regelrechtes wissenschaftliches Revival. In ihrem Buch konstatieren sie, dass diejenigen gesundheitlichen und sozialen Probleme positiv mit der Einkommensungleichheit korrelieren, welche einen negativen sozialen Gradienten aufweisen. Probleme mit negativen sozialen Gradienten sind solche, welche am

M. Gercke, *Trends und Determinanten sozialer Probleme in reichen Ländern*, BestMasters, https://doi.org/10.1007/978-3-658-39865-1_2

unteren Rand einer Gesellschaft häufiger bzw. intensiver auftreten als im obe-
ren Teil und somit ein soziales Gefälle besitzen. Konkret postulieren Wilkinson
und Pickett (2016 [2010], S. 42): „Je stärker ein Problem innerhalb einer Gesellschaft mit dem sozialen Gefälle verknüpft ist, desto deutlicher ist es durch die
Einkommensungleichheit determiniert." Diese Annahme bestätigen sie für ein
Set von zehn ausgewählten gesundheitlichen und sozialen Problemen, namentlich
Misstrauen, psychische Erkrankungen (einschließlich Drogen- und Alkoholsucht),
Lebenserwartung und Kindersterblichkeit, Fettleibigkeit, schulische Leistungen
von Kindern, Teenagerschwangerschaften, Tötungsdelikte, die Zahl der Gefängnisstrafen und soziale Mobilität. Wilkinson und Pickett argumentieren, dass der
negative Einfluss der Einkommensungleichheit auf die beschriebenen sozialen
und gesundheitlichen Probleme über das Ausmaß von Statusängsten innerhalb
einer Gesellschaft vermittelt ist. Demnach sind ungleichere Gesellschaften durch
eine stärkere soziale Hierarchie, ein größeres soziales Gefälle und eine höhere
Anzahl sozialer Schranken und distinktiver Praktiken gekennzeichnet. Statusun-
terschiede spielen eine größere Rolle in sozialen Interaktionen und werden zu
einem wesentlichen Identitätsmerkmal. Eine größere Ungleichheit führt zu einer
höheren Statuskonkurrenz, zu einem höheren sozialen Bewertungsdruck und daraus folgend zu mehr sozialen Ängsten. Diesem Statusstress begegnen Individuen
mit Strategien der Selbstdarstellung und Selbstbestätigung, welche einen negativen Einfluss auf das eigene Leben haben und dadurch das Auftreten sozialer und
gesundheitlicher Probleme erhöhen. Wilkinson und Pickett (2016 [2010], S. 61)
argumentieren hier, dass „soziale Ungleichheit […] die Ursache für alle Probleme [ist], die sich aus den sozialen Unterschieden und den damit verbundenen
Vorurteilen und Feindschaften zwischen sozialen Schichten ergeben." In gleicheren Gesellschaften sind Menschen weniger von Statusängsten getrieben, was das
Auftreten gesundheitlicher und sozialer Probleme verringert, wovon am Ende alle
profitieren – so die *Spirit Level Theory*. Davon ausgehend konstatieren Wilkinson
und Pickett, dass die Verteilung sozialer und gesundheitlicher Probleme in wohlhabenden Gesellschaften nicht durch den Einfluss materieller Bedingungen bzw.
Reichtum erklärt werden kann, sondern durch das Wohlstandsgefälle innerhalb
der Gesellschaft. Entscheidend sei vor dem Hintergrund des beschriebenen Wirk-
mechanismus, wie groß der Abstand des Einzelnen zu den anderen Mitgliedern
seiner Gesellschaft ist (ebd., S. 40).

2.2 Warum Einkommensungleichheit allein zu kurz greift

Eine wesentliche Stärke der Arbeit von Wilkinson und Pickett ist die Erweiterung der Einkommensungleichheitshypothese auf ein breites und klar definiertes Set sozialer und gesundheitlicher Probleme. Die Publikation der *Spirit Level Theory* hat eine progressive wissenschaftliche Debatte ausgelöst. Mit unterschiedlichen sozialen Problemen im Fokus konnten diverse Studien die Einkommensungleichheitshypothese verifizieren (z. B. Elgar et al., 2009; Lancee & Van de Werfhorst, 2012; Paskov & Dewilde, 2012), falsifizieren (z. B. Jen et al., 2009; Pop et al., 2013; Snowdon, 2010) sowie neu ausrichten und erweitern (z. B. Delhey et al., 2017; Delhey & Steckermeier, 2020). Ein wesentlicher Kritikpunkt an der Arbeit von Wilkinson und Pickett ist ihr methodisches Vorgehen (z. B. in Rambotti, 2015; Saunders & Evans, 2010; Snowdon, 2010). Dazu gehören die Verwendung einfacher Korrelationsanalysen, die Auswahl von lediglich 23 vorwiegend westlichen wohlhabenden Ländern, die fehlende Kontrolle auf Ausreißer sowie Teile ihrer Problemauswahl. Der zweite wesentliche Kritikpunkt ist Wilkinson und Picketts eindimensionaler Anspruch, die Verteilung gesundheitlicher und sozialer Probleme ausschließlich über das Ausmaß von Einkommensungleichheit und Statusängsten als zentralen Mediator erklären zu können. Delhey und Steckermeier (2019, S. 109) präsentieren ein Modell zur Erläuterung von Statusangstunterschieden sowohl innerhalb als auch zwischen Gesellschaften. Sie argumentieren, dass bestimmte gesellschaftliche Merkmale sich auf den sozio-kulturellen Umgangsstil auswirken. Dieser variiert zwischen einem egalitär-kooperativen und einem inegalitär-kompetitiven Pol. Die entsprechende Art des sozio-kulturellen Umgangsstils beeinflusst die Häufigkeit interpersonaler Vergleiche sowie den Charakter zwischenmenschlicher Interaktionen und dadurch die Gestalt und Intensität des Statuswettbewerbs. Zu den gesellschaftlichen Einflussfaktoren auf den Umgangsstil zählen Delhey und Steckermeier (ebd.) sozialstrukturelle Faktoren (z. B. Wohlstand und Einkommensungleichheit), politisch-ökonomische Institutionen (z. B. den Wohlfahrtsstaat) und die Kultur (z. B. das Werteklima). Dieses Modell verdeutlicht exemplarisch, dass eine Erklärung der Variation gesundheitlicher und sozialer Probleme in reichen Gesellschaften allein über den Einfluss der Einkommensungleichheit auf das Ausmaß der Statusängste zu kurz greifen muss.

Die vorliegende Arbeit tritt an, vor allem die methodologischen Defizite der *Spirit Level Theory* im Kontext einer analytischen Betrachtung sozialer Probleme zu überwinden. So wurden die Länderauswahl auf 40 wohlhabende Länder und

der Untersuchungszeitraum auf 30 Jahre erweitert (1990–2020). Neben der statistischen Berücksichtigung von Ausreißern und der Anwendung fortschrittlicher
Analyseverfahren wird die in der *Spirit Level Theory* aufgestellte Einkommensungleichheitshypothese gegen vier weitere gesellschaftliche Einflussfaktoren
getestet, welche im Folgenden theoretisch hergeleitet werden. Bei den Faktoren handelt es sich um Wohlstand (Snowdon, 2010), ethnische Fraktionalisierung
(Saunders & Evans, 2010), soziales Vertrauen (Delhey & Newton, 2005; Putnam,
2000; Sztompka, 1999) und ein postmaterialistisches Werteklima (Delhey et al.,
2022; Inglehart, 1971).

2.2.1 Materieller Wohlstand für alle

Einer der größten Kritiker der *Spirit Level Theory*, Christopher Snowdon (2010),
verweist auf den erheblichen Einfluss von Wohlstand und wirtschaftlichem
Wachstum auf den Rückgang gesundheitlicher und sozialer Probleme. Er kriti-
siert, dass Wilkinson und Pickett (2016 [2010]) diesen Einflussfaktor systematisch
aus ihrer Untersuchung ausschließen und darüber hinaus verkennen, dass materieller Wohlstand jenseits des Notwendigen nicht nur dem Ausdruck des eigenen
Status dient, sondern einen tatsächlichen Nutzen und damit einen positiven Einfluss auf das Leben der Menschen haben kann. Snowdon (ebd.) argumentiert in
Bezug auf die *Spirit Level Theory*, dass weder die Umverteilung von Vermögen
und Macht innerhalb einer Gesellschaft noch eine konsumkritische Statussymbol-
Kritik in der Lage sei, die diversen gesundheitlichen, sozialen und existenziellen
Probleme des 21. Jahrhunderts zu lösen. Von wirtschaftlicher Prosperität profitier-
ten dagegen alle. So schreibt Snowdon (2010, S. 150): „Nothing in history has
done more to upgrade the metaphorial 'economy class' than the economic growth
that consumer capitalism has brought about." Entsprechend geht Snowdon davon
aus, dass ein wesentlicher Faktor für die Verringerung von Statusängsten, gesundheitlichen und sozialen Problemen die Erhöhung des materiellen Wohlstands für
alle Gesellschaftsmitglieder ist.

2.2.2 Ethnische Fraktionalisierung und „*ethnic disadvantages*"

Zwei weitere Kritiker*innen, welche sich umfangreich mit den Annahmen und
empirischen Ergebnissen auseinandergesetzt haben, sind Peter Saunders und

Natalie Evans (2010). Sie argumentieren, dass die sozialstrukturellen Unterschiede in der Verteilung gesundheitlicher und sozialer Probleme durch länderspezifische, historisch gewachsene kulturelle Charakteristika erklärt werden können. Sie gehen davon aus, dass die ethnische Zugehörigkeit ein wichtiger Faktor der sozialen Identität ist, welche signifikant mit verschiedenen Lebensstilen, Wertvorstellungen und dem sozialen Zusammenhalt assoziiert ist. In diesem Zusammenhang sprechen sie von *„ethnic disadvantages"*, die über das Ausmaß von Einkommen und Ungleichheit hinaus die Verteilung sozialer und gesundheitlicher Probleme innerhalb reicher Gesellschaften erklären (Saunders & Evans, 2010, S. 79). Saunders und Evans stellen den in der *Spirit Level Theory* angeführten zentralen Mediatoreffekt der Statusangst infrage, welcher den Einfluss der Einkommensungleichheit auf das Ausmaß gesundheitlicher und sozialer Probleme vermitteln soll. Sie argumentieren am Beispiel von Schweden und Japan, dass beide Gesellschaften im internationalen Vergleich eine geringe Einkommensungleichheit besitzen und nur von einem geringen Ausmaß sozialer und gesundheitlicher Probleme betroffen sind, obwohl Japans Gesellschaft im Gegensatz zur schwedischen strikt hierarchisch strukturiert ist und ein hohes Maß an Statusstress aufweist. Vor diesem Hintergrund argumentieren sie: „[...] Sweden and Japan have the income distributions they have because of the kinds of societies they are. They are not cohesive societies because their incomes are equally distributed; their incomes are equally distributed because they are cohesive societies" (Saunders & Evans, 2010, S. 121). Ausschlaggebend für die Höhe des gesellschaftlichen Zusammenhalts ist nach Saunders und Evans die ethnische und kulturelle Fraktionalisierung. Je homogener Gesellschaften sind, desto stärker ist ihr Zusammenhalt und desto geringer ihre Betroffenheit von gesundheitlichen und sozialen Problemen. Zur Überprüfung ihrer Hypothese zeigen sie anhand einer empirischen Untersuchung der 50 US-Bundesstaaten, dass die Höhe der ethnischen Fraktionalisierung positiv mit dem Ausmaß der von Wilkinson und Pickett (2016 [2010]) untersuchten gesundheitlichen und sozialen Probleme korreliert.

2.2.3 Sozialkapital und Vertrauen

In seinem zum Klassiker der Soziologie avancierten Buch *Bowling Alone: The Collapse and Revival of American Community* stellt Robert Putnam (2000) eindrucksvoll heraus, dass gut funktionierende soziale Netzwerke einen großen gesellschaftlichen Wert besitzen. Soziale Netzwerke sind Manifestationen sozialer Beziehungen, welche Putnam in ihrer normativen Verfasstheit der Reziprozität und Vertrauenswürdigkeit als soziales Kapital bezeichnet und analysiert. Putnam

zeigt am Beispiel der USA, dass Sozialkapital einen weitgehenden Einfluss auf
Wirtschaft, Gesellschaft und das Individuum hat und beschreibt, dass sich dessen
Abnahme negativ auf die wirtschaftliche Leistung, die Demokratie, die Gesundheit und das Wohlbefinden auswirkt. Ein integraler Bestandteil von Sozialkapital
ist das soziale Vertrauen. Dieses kann allgemein als „Wette auf das zukünftige
kontingente Handeln anderer" (Sztompka, 1999, S. 25) definiert werden, bzw.
als Überzeugung, „dass andere uns nicht absichtlich oder wissentlich Schaden
zufügen werden, wenn sie es vermeiden können, und dass sie unsere Interessen berücksichtigen werden, wenn dies möglich ist" (Delhey & Newton, 2005,
S. 311). Die genaue Verknüpfung zwischen Sozialkapital und dem sozialen Vertrauen wird unterschiedlich gedeutet. So beschreibt Putnam z. B. Vertrauen als
Teil oder Aspekt von Sozialkapital, wogegen andere Vertreter*innen Vertrauen als
„Produktionsfaktor" für die Bildung von Sozialkapital begreifen. Wieder andere
betonen die Reziprozität zwischen sozialer Beteiligung und Vertrauen (Maraffi
et al., 1999; Ripperger, 2003; zit. nach van Deth, 2002, S. 578). Die vorliegende
Arbeit fokussiert Vertrauen als wesentlichen Aspekt von und entsprechend als
Proxy für Sozialkapital. Des Weiteren wird Vertrauen als Mediator im klassischen
Sinne der Einkommensungleichheitshypothese verstanden (wie z. B. in Kawachi
et al., 1997; Kragten & Rözer, 2017; Rözer et al., 2016) und nicht als Ergebnis
von Einkommensungleichheit, wie in Wilkinson und Picketts *Spirit Level Theory*.
Unter anderem stellen Delhey und Newton (2005) heraus, dass das Vertrauenslevel von Wohlstand, niedriger Einkommensungleichheit, ethnischer Homogenität,
protestantischen Traditionen, einer guten Staatsführung und geringen sozialen
Konflikten positiv beeinflusst wird und sich seinerseits wiederum positiv auf
die Lebenszufriedenheit auswirkt, soziale Ängste verringert (Delhey & Dragolov,
2014) und sowohl soziale als auch gesundheitliche Probleme abmildert (z. B.
Kragten & Rözer, 2017; Vincens et al., 2018). Über die Mediatorfunktion hinaus
besitzt Vertrauen einen großen Einfluss auf wichtige gesellschaftliche Funktio-
nen. Personen, die ihren Mitmenschen vertrauen, engagieren sich unter anderem
häufiger ehrenamtlich, spenden häufiger Geld für gemeinnützige Zwecke, partizi-
pieren häufiger in politischen und kommunalen Organisationen, spenden häufiger
Blut und sind toleranter gegenüber Minderheiten (Putnam, 2000, S. 144 f).
Außerdem erhöht Vertrauen die Zahl der Interaktionen und Kontakte innerhalb
einer Gemeinschaft, führt zu mehr Kommunikation zwischen den Menschen und
erhöht die Anzahl spontaner kollektiver Aktionen. Es steigert die Toleranz und
Akzeptanz gegenüber fremden Menschen und anderen (legitimen) politischen
Ansichten, stärkt die gesellschaftliche Solidarität und fördert gegenseitige Hilfe.
Weiterhin senkt es die Transaktionskosten individueller Handlungen und erleich-
tert Kooperationen (Sztompka, 1999, S. 105 f). Somit lässt sich aus der Theorie

ableiten, dass Vertrauen einen positiven und Misstrauen einen negativen Einfluss auf das Ausmaß gesundheitlicher und sozialer Probleme hat.

2.2.4 Weniger Statusstress durch postmaterialistische Einstellungen

Die *Spirit Level Theory* argumentiert, dass eine hohe Einkommensungleichheit sowohl Statusängste als auch Statusstress erhöht. Hohe Statusängste begünstigen wiederum gesundheitliche und soziale Probleme. Der Blick auf das konzeptionelle Mikro-Makro-Modell zur Erklärung der Entstehung von Statusängsten von Delhey und Steckermeier (2019) zeigt, dass neben der Einkommensungleichheit auch weitere gesellschaftliche Faktoren den „typischen" Umgang innerhalb einer Gesellschaft und dadurch die Intensität von Statusstress und Statusängsten beeinflussen. Es besteht die theoretisch und empirisch begründete Annahme (s. Delhey et al., 2022), dass der Wertewandel in modernen Gesellschaften von materialistischen zu postmaterialistischen Werteinstellungen (Inglehart, 1971, 2015 [1977]) einen dieser weiteren Einflussfaktoren darstellt. Der Theorie nach versuchen Personen mit materialistischen Werteinstellungen eher, ihre soziale und materielle Situation sowohl im absoluten Niveau als auch in Relation zu anderen Menschen zu sichern. Statussicherung und Statuserwerb spielen für sie eine wichtige Rolle. Dagegen priorisieren Personen mit postmaterialistischen Einstellungen eher Zielsetzungen jenseits der materiellen Statussicherung, wie z. B. Selbstverwirklichung und Wohlbefinden. Ein gesamtgesellschaftlicher Wandel, durch den der Anteil von Menschen mit materialistischen Einstellung ab- und der Anteil von Menschen mit postmaterialistischen Einstellungen zunimmt, sollte Statusstress und Statusängste verringern. Unter anderem stützen die empirischen Erkenntnisse von Delhey et al. (2022) diese These zum Statusstreben. Überträgt man dieses Wissen auf den Gegenstand der *Spirit Level Theory*, so kann davon ausgegangen werden, dass das Verhältnis von materialistischen zu postmaterialistischen Einstellungen das Ausmaß an Statusängsten beeinflusst und damit indirekt auch das Ausmaß gesundheitlicher und sozialer Probleme. Das Werteklima ist innergesellschaftlich durch einen sozialen Gradienten gekennzeichnet. Am unteren Rand der Gesellschaft überwiegen dabei materialistische Einstellungen, am oberen Rand der Gesellschaft mit steigendem Einkommen und Bildung postmaterialistische (Booth, 2021; Inglehart & Welzel, 2005). Es bleibt zu überprüfen, ob ein postmaterialistisches bzw. materialistisches Werteklima das Ausmaß gesundheitlicher und sozialer Probleme in wohlhabenden Gesellschaften erklären kann.

2.2.5   Zusammenfassung der theoretischen Vorüberlegungen

Im Rahmen der theoretischen Vorüberlegungen wurden vier weitere gesellschaftliche Faktoren erläutert, welche neben der Einkommensungleichheit einen
möglichen Einfluss auf das Ausmaß gesundheitlicher und sozialer Probleme in
wohlhabenden Gesellschaften besitzen. Tabelle 2.1 gibt einen Überblick über
diese Faktoren und ihre postulierte Einflussrichtung.

Tabelle 2.1 Gesellschaftliche Einflussfaktoren auf das Ausmaß gesundheitlicher und sozialer Probleme

Theoretisch abgeleiteter Einflussfaktor	Wirkung	
1. Einkommensungleichheit	(+) *erhöht*	
2. Wohlstand	(–) *verringert*	**das Ausmaß**
3. Ethnische Fraktionalisierung	(+) *erhöht*	**(gesundheitlicher und)**
4. Soziales Vertrauen	(–) *verringert*	**sozialer Probleme**
5. Materialistisches Werteklima	(+) *erhöht*	

Quelle: Eigene Darstellung

Mit Blick auf die Einflussfaktoren lassen sich fünf Forschungshypothesen für diese Arbeit aufstellen. Vor dem Hintergrund der *Spirit Level Theory*
(Wilkinson & Pickett, 2016 [2010]) wird folgende Hypothese aufgestellt:

H1:   **In reichen Gesellschaften ist eine höhere Einkommensungleichheit,
unabhängig von Wohlstand, mit einem höheren Ausmaß sozialer Probleme assoziiert.**

Die kritische Auseinandersetzung mit der *Spirit Level Theory* wirft eine ganze
Reihe anderer Hypothesen zur Erklärung sozialer Probleme auf. So stellt Snowdon (2010) den nach wie vor existenten und starken Einfluss des Wohlstands
auf das Ausmaß der von Wilkinson und Pickett untersuchten Probleme heraus.
Entsprechend wird folgender Zusammenhang erwartet:

H2:   **In reichen Gesellschaften ist höherer Wohlstand, unabhängig von Einkommensungleichheit, mit einem geringeren Ausmaß sozialer Probleme
assoziiert.**

Eine weitere umfassende Kritik an der *Spirit Level Theory* haben Saunders und Evans (2010) verfasst. Sie argumentieren, dass Ungleichheiten unabhängig von Einkommen, Wohlstand und dessen Verteilung durch historisch gewachsene kulturelle Charakteristika erklärt werden können. In diesem Kontext fokussieren sie die ethnisch-kulturelle Heterogenität. Vor dem Hintergrund ihrer Forschung wird folgender Zusammenhang erwartet:

H3: **In reichen Gesellschaften ist eine stärkere ethnische Fraktionalisierung, unabhängig von Einkommensungleichheit und Wohlstand, mit einem höheren Ausmaß sozialer Probleme assoziiert.**

Die empirischen Forschungsarbeiten von Putnam (2000), Sztompka (1999), Delhey und Newton (2003) zeigen, dass das Level an sozialem Vertrauen innerhalb einer Gesellschaft von ausdrücklicher Relevanz für ihr gutes Funktionieren ist. Es ist zu erwarten, dass das Vertrauenslevel neben der Einkommensungleichheit und dem Wohlstand einer Gesellschaft das Ausmaß ihrer sozialen Probleme erklären kann. Daraus leitet sich folgende Hypothese ab:

H4: **In reichen Gesellschaften ist höheres Vertrauens *ceteris paribus H3*[1] mit einem geringeren Ausmaß sozialer Probleme assoziiert.**

Zuletzt wurde vor dem Hintergrund der Forschung zum postmaterialistischen Wertewandel (Inglehart, 1971, 2015 [1977]) und dessen Auswirkungen auf das Ausmaß von Statusstress und Statusängsten innerhalb einer Gesellschaft (Delhey & Steckermeier, 2019; Goldthorpe, 2010) vermutet, dass auch das Werteklima innerhalb einer Gesellschaft einen Einfluss auf das Ausmaß sozialer Probleme besitzt. Daraus wird folgende Hypothese abgeleitet:

H5: **In reichen Gesellschaften ist ein materialistischeres Werteklima *ceteris paribus H3* mit einem höheren Ausmaß sozialer Probleme assoziiert.**

Die in den Hypothesen H1 bis H5 prognostizierten Querschnittszusammenhänge werden überdies auch im Längsschnitt erwartet. Das ermöglicht die Betrachtung der sozialen Probleme sowie Einflussfaktoren über drei Dekaden. Entsprechend wird erwartet, dass die Zunahme von Einkommensungleichheit, ethnischer Fraktionalisierung und materialistischen Werteinstellungen mit einer Verschärfung

---

[1] *unabhängig von Einkommensungleichheit und Wohlstand*

sozialer Probleme einhergeht und die Zunahme von Wohlstand und Vertrauen mit einer Abmilderung.

2.3   Soziale Probleme in wohlhabenden Ländern

Im Folgenden wird die Auswahl der sozialen Probleme für die empirische Analyse erörtert. Diese orientiert sich an den konzeptionellen Vorüberlegungen der *Spirit Level Theory*. Ausgangspunkt sind die zehn von Wilkinson und Pickett identifizierten sozialen und gesundheitlichen Probleme mit sozialem Gradienten. Die ersten Probleme, welche aus forschungskonzeptionellen Gründen nicht berücksichtigt werden, sind gesundheitliche Probleme. Zu diesen zählen die physische Gesundheit, die Lebenserwartung, die Säuglingssterblichkeit und Fettleibigkeit. Diese Probleme sind zwar nach wie vor durch einen sozialen Gradienten charakterisiert (Babones, 2008; Diekmann & Meyer, 2010; Kondo et al., 2012; Marmot, 2004), wobei sie im Wesentlichen durch den medizinischen Fortschritt (Felder, 2006), Sozialstaatsausgaben (McCartney et al., 2019) und den technologischen Fortschritt abgefedert werden. So verbessert die Elektrifizierung des Individualverkehrs z. B. die Luftqualität in Städten und senkt dadurch die Anzahl an Lungenkrankheiten. Entsprechend deuten diverse Faktoren darauf hin, dass sich das Gesundheitsgefälle in reichen Ländern zukünftig ausgleichen wird. Das nächste von Wilkinson und Pickett verhandelte Problem, welches im vorliegenden Kontext unberücksichtigt bleibt, sind mentale Probleme. Zum einen zeigen Studien, dass die mentale Gesundheit entgegen Wilkinson und Picketts Ausführungen durch keinen eindeutigen sozialen Gradienten gekennzeichnet ist (Pinto-Meza et al., 2013; van Deurzen et al., 2015, S. 487). Zum anderen stellen Forschungsarbeiten die mediierende Rolle der mentalen Gesundheit heraus, unter anderem auch zwischen der Einkommensungleichheit und physischer Gesundheit (Patel et al., 2018). Des Weiteren werden Alkohol- und Drogenkonsum aus der Analyse ausgeschlossen. Der Stand der Forschung weist darauf hin, dass beide soziale Probleme keinen eindeutigen sozialen Gradienten besitzen, sondern sowohl am oberen als auch am unteren Teil der Gesellschaft häufiger auftreten (Bloomfield et al., 2006; Degenhardt et al., 2008; Legleye et al., 2011, 2013). Als nächstes wurde das soziale Vertrauen als soziales Problem bzw. als abhängige Variable aus der Analyse ausgeschlossen. Ein umfangreicher Forschungsstand zeigt, dass das Vertrauenslevel ein relevanter Mediator zwischen Ungleichheit und dem Ausmaß sozialer Probleme ist (Elgar & Aitken, 2011; Jen et al., 2010; Kragten & Rözer, 2017; Mikucka et al., 2017; Rözer et al., 2016) und nicht – wie

von Wilkinson und Pickett dargestellt – ein direktes Produkt von Einkommensungleichheit ist. Das soziale Vertrauen wird entsprechend als eigenständiger
Einflussfaktor neben der Einkommensungleichheit bzw. als unabhängige Variable in die Analyse aufgenommen. Zuletzt wird die soziale Mobilität aus drei
wesentlichen Gründen aus der Analyse ausgeschlossen. Erstens stellt sich die
Datenlage zur Operationalisierung sozialer Mobilität entlang einzelner nationaler
Kohortenstudien als mangelhaft heraus. So fußt Wilkinson und Picketts Analyse
auf nur acht Ländern. Zweitens beschreibt soziale Mobilität eher ein soziales als
ein individuelles Phänomen. Wilkinson und Pickett (2016 [2010], S. 183) definie-
ren soziale Mobilität als intergenerationale Einkommensmobilität abhängig von
der eigenen Arbeit und Leistung. Diese absolute Auffassung unterschlägt jedoch
den relationalen Charakter sozialer Mobilität und beschreibt damit eher einen
Effekt der Einkommens- bzw. Wohlstandsentwicklung über die Zeit. Der relative
Aufstieg einer Person innerhalb der sozialen Hierarchie geht entsprechend immer
mit einem relativen Abstieg anderer Personen einher (Houle, 2019). Dieses Merk-
mal relativer sozialer Mobilität ist wesentlich für den dritten Ausschlussgrund: Ihr
normativ und operativ uneindeutiges Wesen. Sie folgt im Gegensatz zu anderen
sozialen Problemen, wie z. B. der Gewalt, keiner eindeutigen Logik, nach der eine
Erhöhung oder Verringerung ihres Ausmaßes einen klaren positiven bzw. negativen Effekt auf die Gesellschaft hat. Sowohl eine sehr hohe als auch eine sehr
niedrige soziale Auf- bzw. Abwärtsmobilität stellt ein Problem dar. Keine absolute Mobilität verhindert sozialen Aufstieg, wogegen eine hohe relative Mobilität
mit einer hohen Statusunsicherheit einhergeht (ebd.).

Nach dem begründeten Ausschlussverfahren bleiben vier der sozialen Probleme übrig, welche die *Spirit Level Theory* von Wilkinson und Pickett (2016
[2010]) verhandelt. Diese sind das Ausmaß an Gewalt, die Zahl der Gefängnisstrafen, Teenagerschwangerschaften und die schulische Leistung von Kindern.
Darüber hinaus wird mit der Wahlbeteiligung ein weiteres relevantes soziales Problem in die Analyse aufgenommen, welches von Wilkinson und Pickett
nicht berücksichtigt wurde. Die folgenden Unterkapitel befassen sich im ersten Teil je mit den von Wilkinson und Pickett beschriebenen Zusammenhängen
zwischen Einkommensungleichheit und dem jeweiligen sozialen Problem. In diesem Kontext wird anhand einschlägiger Forschungsliteratur überprüft, ob die
untersuchten Probleme tatsächlich durch ein soziales Gefälle charakterisiert und
mit Einkommensungleichheit assoziiert sind. Im zweiten Teil wird aktuelle Forschung zu den oben beschriebenen weiteren bzw. alternativen ökonomischen und
kulturellen Einflussfaktoren – Wohlstand, soziales Vertrauen, Werteinstellungen
und ethnische Fraktionalisierung – auf die Verteilung der sozialen Probleme in
wohlhabenden Ländern präsentiert.

2.3.1 Gewalt: Tödliche Statuskonkurrenz

Wilkinson und Pickett (2016 [2010], S. 153–169) argumentieren, dass Menschen am unteren Rand der Gesellschaft sowohl mehr von Gewalt betroffen sind als auch häufiger selbst gewalttätig werden. Besonders verwundbare Gruppen sind ärmere Menschen, Frauen und Angehörige von Minderheiten. Obwohl verhältnismäßig wenig Menschen tatsächlich Opfer von Gewalt werden, hat die Angst vor gewalttätigen Übergriffen einen negativen Einfluss auf die individuelle Lebensqualität. Zudem beschreiben Wilkinson und Pickett (ebd.), dass überwiegend junge sozial benachteiligte Männer Gewalttaten begehen. Sie argumentieren, dass eine verschärfte Statuskonkurrenz, also drohender Statusverlust oder lockender Statusgewinn, eine entscheidende Rolle bei dieser Verteilung spielt. Damit wird die Verbindung zur Einkommensungleichheitshypothese klar: Wenn eine höhere Ungleichheit die Statuskonkurrenz innerhalb einer Gesellschaft verschärft, nehmen auch Gewaltverbrechen als Reaktion auf Verachtung, Erniedrigung, Respektlosigkeit und Gesichtsverlust zu. Dagegen haben Menschen in gleicheren Gesellschaften, so Wilkinson und Pickett, mehr Möglichkeiten, Selbstachtung und sozialen Status zu erwerben. Darüber hinaus stellen Wilkinson und Pickett das Vater-Sohn-Verhältnis, das familiäre Verhältnis, schulischen Erfolg und Misserfolg, die Wohngegend und die Höhe des Sozialkapitals als wichtige Einflussfaktoren auf die Zahl der Gewaltverbrechen heraus. Auch diese Faktoren weisen ein soziales Gefälle auf. Ein Blick in die Forschungsliteratur bestätigt die Vermutung der *Spirit Level Theory* für das soziale Problem der Gewalt. Verschiedene Studien bestätigen den sozialen Gradienten von Gewaltverbrechen. Sie zeigen, dass die Anzahl der Täter*innen und Opfer von Gewaltverbrechen unter Personen mit niedrigen sozioökonomischen Status (Blau & Blau, 1982; Kivivuori & Lehti, 2006; Stenius, 2015), unter Männern mit einfachen Berufen und in stark benachteiligten Wohnquartieren höher ist (Lachaud et al., 2017; Leyland & Dundas, 2010). Weitere Studien bestätigen, dass Gewaltverbrechen durch einen negativen Bildungsgradienten charakterisiert sind (Stickley et al., 2012) und benachteiligte Gruppen, wie z. B. Flüchtlinge, häufiger von Gewalt betroffen sind (O'Neill et al., 2020).

Einkommensungleichheit (H1). Den in der *Spirit Level Theory* erörterten Zusammenhang von Einkommensungleichheit und Gewalt bestätigen verschiedene ländervergleichende Studien auf der Makroebene (z. B. Blau & Blau, 1982; Chamlin & Cochran, 2006; Coccia, 2017, 2018; Fajnzylber et al., 2002). Sie zeigen, dass die Mordrate in Ländern höher ist, in denen das Einkommen ungleicher verteilt ist. Dieser Effekt wird analog zu Wilkinson und Picketts Ausführungen unterschiedlich erklärt; in erster Linie über das Ausmaß der Statuskonkurrenz

aber auch über weitere Faktoren mit sozialem Gradienten, wie geringes Sozialkapital (Elgar & Aitken, 2011), niedrige Bildung und das Leben in sozial
benachteiligten Wohnvierteln (Lachaud et al., 2017; Stickley et al., 2012). Neben
der Betrachtung im Länderquerschnitt bestätigen weitere Studien den Zusammenhang zwischen Ungleichheit und Gewalt auch im Zeitverlauf. Entsprechende
Zeitreihenanalysen zeigen für reiche Gesellschaften, dass die Abnahme der Einkommensungleichheit über die Zeit mit einer niedrigeren Mordrate einhergeht
(Chamlin & Cochran, 2006; Jacobs & Richardson, 2008), in ihrer Stärke aber
zum Teil vom jeweilig verwendeten Ungleichheitsmaß abhängig ist (Messner
et al., 2002).

Wohlstand (H2). Verschiedene Studien stellen heraus, dass Wohlstand einen
dämpfenden Effekt auf das Ausmaß von Gewalt innerhalb reicher Gesellschaften
besitzt (z. B. Jacobs & Richardson, 2008; McLean et al., 2019; Nivette, 2011;
Pereira & de Menezes, 2021). Dolliver (2015) erörtert den negativen Zusammenhang zwischen Pro-Kopf-Einkommen und Mordrate für europäische Länder
über einem Zeitraum von 15 Jahren. Zudem bestätigt Stamatel (2009) für neun
EU-Länder im Zeitraum von 1990 bis 2003, dass die Mordrate negativ mit dem
Anstieg des Pro-Kopf-Einkommens assoziiert ist.

Ethnische Fraktionalisierung (H3). Aus der Arbeit von Stamatel (2009) geht
hervor, dass die Mordrate positiv mit dem Anstieg der ethnischen Diversität innerhalb der Länder korreliert ist. Diesen positiven Zusammenhang können sowohl
Blau und Blau (1982) als auch Altheimer (2008) auf der Länderebene bestätigen.
Dagegen finden de Soysa und Noel (2020) in ihrer Untersuchung von 140 Ländern zwischen 1995 und 2013 einen umgekehrten U-Zusammenhang zwischen
der Mordrate und ethnischer Heterogenität auf der Länderebene. Daraus schluss-
folgern sie, dass eher ethnische Dominanz und ethnische Polarisierung anstelle
ethnischer Vielfalt eine Gefahr für die persönliche Sicherheit darstellt. De Soysa
und Noel entfernen sich mit ihrer konflikttheoretischen Erklärung des Einflusses
ethnischer Fraktionalisierung von der kulturtheoretischen Interpretation der *Spirit
Level* Kritiker*innen Saunders und Evans (2010).

Vertrauen (H4). In Bezug auf die Vertrauenshypothese (H4) zeigen verschiedene Studien, dass soziales Vertrauen und Sozialkapital signifikant negativ mit
der Mordrate assoziiert sind (z. B. Kennedy et al., 1998; Reemtsma, 2008;
Rosenfeld et al., 2001). Elgar und Aitken (2011) zeigen für 33 wohlhabende
Länder, dass Vertrauen negativ mit der Mordrate korreliert und den Zusammenhang zwischen Einkommensungleichheit und Mordrate teilweise mediiert. Sie
konstatieren, dass Gesellschaften mit hohen Einkommensdifferenzen und niedri-
gem sozialen Vertrauen weniger gut in der Lage sind, sichere Gemeinschaften zu
gestalten.

Werteklima (H5). Während Schaible und Altheimer (2016) in 35 entwickelten Ländern sowie Lin und Mancik (2020) in 59 sowohl entwickelten als auch Entwicklungsländern einen signifikanten Zusammenhang zwischen kompetitiven materialistischen Einstellungen und höheren Mordraten finden, stellt Chon (2017) für 45 Länder der *Organization for Economic Co-operation and Development* (OECD) keinen signifikanten Zusammenhang fest.

2.3.2 Inhaftierungen: Längere Haftstrafen in ungleicheren Gesellschaften

Wilkinson und Pickett (2016 [2010], S. 171–182) diskutieren in der *Spirit Level Theory* einen positiven Zusammenhang zwischen der Einkommensungleichheit und der Anzahl der Haftstrafen innerhalb wohlhabender Länder. Sie stellen heraus, dass es sich bei der Zahl der Inhaftierungen um ein soziales Problem handelt, welches durch einen sozialen Gradienten charakterisiert ist. Das bedeutet, dass Menschen mit geringem Einkommen und niedriger Bildung häufiger und länger inhaftiert werden als Menschen mit einem höheren sozialen Status. Dieser Befund kann durch diverse Studien bestätigt werden (Beckett & Beach, 2021; Ewert et al., 2014; Wacquant, 2009).

Einkommensungleichheit (H1). Die Höhe der Inhaftierungsrate ist von drei Faktoren abhängig: der Verbrechensrate, den Entscheidungen der Richter sowie der Strafdauer. Wilkinson und Pickett (2016 [2010], S. 181) argumentieren, dass die Zahl der Gefängnisstrafen wesentlich von der gesellschaftlichen Haltung gegenüber Bestrafung und Resozialisierung und weniger von der Verbrechensrate abhängig ist. Vor dem Hintergrund der Ungleichheitshypothese erläutern sie, dass ungleichere Gesellschaften ein höheres soziales Gefälle aufweisen und dadurch distinktive Haltungen, die Angst vor Verbrechen und Misstrauen stärker ausgeprägt sind. Infolgedessen wächst die Bereitschaft der Öffentlichkeit, Politiker*innen und Richter*innen, Straffällige durch Bestrafung aus der Gesellschaft auszuschließen und ins Gefängnis zu schicken. Ungleichere Gesellschaften neigen darüber hinaus dazu, die Härte bei der Verbrechensbekämpfung in das Zentrum der Medienöffentlichkeit zu rücken, anstelle empirische Erkenntnisse zu den Problemen der Verbrechensbekämpfung und Resozialisierung von Straftätern zu berücksichtigen. Verschiedene ländervergleichende Studien bestätigen die Einkommensungleichheitshypothese für die Inhaftierungsrate in wohlhabenden Ländern sowohl im Querschnitt (z. B. Calvert et al., 2013; Lappi-Seppälä, 2011; Phelps & Pager, 2016; Sutton, 2004) als auch im Längsschnitt (z. B. Crutchfield & Pettinicchio, 2009; Steelman, 2016).

Wohlstand (H2). Sutton (2004) stellt in seiner Untersuchung von 15 wohlhabenden Demokratien zwischen 1960 und 1990 unter anderem heraus, dass ökonomisches Wachstum einen signifikanten negativen Einfluss auf die Inhaftierungsrate besitzt. Clark und Herbolsheimer (2021) bestätigen diese Erkenntnis im Kontext ihrer Untersuchung von 111 Ländern zwischen 2000 und 2015. Sie finden, dass ökonomisches Wachstum in wohlhabenden Ländern die Inhaftierungsraten senkt.

Ethnische Fraktionalisierung (H3). Ruddell (2005) findet in einer Querschnittsanalyse von 100 Ländern einen signifikanten aber inkonsistenten Zusammenhang zwischen der Bevölkerungsheterogenität und den Inhaftierungsraten. Ein Blick in die Studie zeigt positive signifikante Regressionskoeffizienten zwischen Multikulturalismus und Inhaftierungsraten im bivariaten Modell sowie in zwei von fünf multivariaten Stufenmodellen. In den übrigen Modellen verliert der Koeffizient seine Signifikanz. In einer weiteren Studie über 140 Länder zeigen Ruddell und Urbina (2004), dass die Bevölkerungsheterogenität positiv mit den Inhaftierungsraten assoziiert ist.

Vertrauen (H4). Lappi-Seppälä (2011) zeigt für 30 europäische Länder zwischen 1992 und 2010, dass unter anderem ein hohes Level an Vertrauen einen negativen Einfluss auf die Inhaftierungsraten besitzt. Er argumentiert, dass das hohe Vertrauenslevel unmittelbar mit den Charakteristika des politischen und Rechtssystems zusammenhängt, welche weniger zu expressiven Gesten und harten Bestrafungen neigen.

Werteklima (H5). Die Recherche zum Einfluss des Werteklimas auf Bestrafung und Inhaftierungen im Ländervergleich offenbart eine Forschungslücke. Die Theorie besagt hier, dass sich das Verhältnis von materialistischen zu postmaterialistischen Einstellungen auf das soziale Klima und dadurch indirekt auf das Ausmaß sozialer Probleme auswirkt. In Anbindung an die *Spirit Level Theory* ist zu erwarten, dass materialistische Einstellungen eher mit Statusängsten, Misstrauen und dem Verlangen nach harten Strafen einhergehen und postmaterialistische Einstellungen stärker mit progressiven, opferorientierten und rehabilitierenden Rechtsprechungsverfahren assoziiert sind. Eine qualitative Studie von Mainwaring et al. (2019) stützt die These, dass persönliche Werte ein wichtiger Einflussfaktor für das Gelingen restaurativer Gerechtigkeitsverfahren sind. Des Weiteren argumentiert Simon (2019) im Kontext US-amerikanischer Masseninhaftierungen, dass postmaterialistische Werteinstellungen ein wichtiger Baustein für die Reformation der auf lange und schwere Haftstrafen ausgelegten amerikanischen Rechtsprechung sind.

2.3.3   Teenagerschwangerschaften: Wenn Mädchen Mütter werden

Das nächste soziale Problem, für das Wilkinson und Pickett (2016 [2010], S. 141–152) die Einkommensungleichheitshypothese diskutieren, sind Teenagerschwangerschaften. Dafür erörtern sie im ersten Schritt, dass Teenagerschwangerschaften am unteren Rand der Gesellschaft häufiger auftreten und damit einen sozialen Gradienten besitzen. So nimmt die Anzahl der Teenagerschwangerschaften mit steigender Armut, materieller Deprivation, Arbeitslosigkeit, Kriminalität und Bildungsarmut zu, wie durch zahlreiche empirische Studien belegt werden kann (Carlson, 2018; Christoffersen & Hussain, 2008; Spencer, 2001). Außerdem besitzen Kinder von Teenager-Müttern eine erhöhte Wahrscheinlichkeit, wieder Teenager-Mütter zu werden. Diese Gefahr eine Kreislaufförmigkeit des sozialen Problems bestätigen auch andere wissenschaftliche Studien (z. B. Liu et al., 2018).

Einkommensungleichheit (H1). Wilkinson und Pickett (2016 [2010], S. 151) interpretieren den Einfluss der Einkommensungleichheit auf die Höhe der Teenagerschwangerschaftsrate als Ergebnis grundlegender Anpassungsprozesse benachteiligter Teenager an ihr schwieriges soziales Umfeld. So erhöhen die am unteren Rand der Gesellschaft häufiger auftretenden Problemlagen die Wahrscheinlichkeit (ungeschützter) sexueller Aktivitäten im jugendlichen Alter. Außerdem gehören Armut, Arbeitslosigkeit, Kriminalität, geringes Sozialkapital, Verhaltensstörungen, Familien- und Erziehungsprobleme sowie kürzere Schul- und Ausbildungszeiten. Darüber hinaus führen Wilkinson und Pickett (2016 [2010], S. 144) einen höheren Statusstress am unteren Rand der Gesellschaft als erklärenden Mediator an: Hohe Ungleichheit erhöht die Wahrscheinlichkeit, dass benachteiligte Frauen eine Mutterschaft im Teenageralter als einzige Möglichkeit ansehen, sich Zugang zum Erwachsenenstatus zu verschaffen. Der positive Zusammenhang zwischen Einkommensungleichheit (H1) und Teenagerschwangerschaften (TSR) wird durch die ländervergleichenden Studien von Jones et al. (1985), Jones et al. (2017) und Santelli et al. (2017) gestützt.

Wohlstand (H2). Jones et al. (2017) zeigen, dass sich Wohlstand negativ auf die Anzahl der Teenagerschwangerschaften auswirkt. Die gepoolte Zeitreihenanalyse von Santelli et al. (2017) zeigt für 142 Länder im Zeitraum von 1990 bis 2012, dass die Anzahl der Teenagerschwangerschaften negativ mit Wohlstand (GDP) und Bildung (Ausgaben für Bildung) sowie positiv mit der Einkommensungleichheit assoziiert ist. Des Weiteren zeigen Gold et al. (2001) in ihrer Untersuchung, dass in den US-Bundesstaaten das Pro-Kopf-Einkommen negativ mit der Teenagerschwangerschaftsrate assoziiert ist.

Ethnische Fraktionalisierung (H3). Imamura et al. (2007) bestätigen in einer
ländervergleichenden Studie für fünf westliche Demokratien den Zusammenhang
von Ethnie und Teenagerschwangerschaften. Christoffersen und Hussain (2008)
zeigen für die dänischen Gesellschaft zwischen 1981 und 2003, dass die Zugehörigkeit zu einer ethnischen Minderheit das Risiko einer Schwangerschaft im
Jugendalter signifikant erhöht.

Vertrauen (H4). Crosby und Holtgrave (2006) sowie Gold et al. (2002) verweisen auf das geringe Sozialkapital am unteren Rand der Gesellschaft als zentralen
Mediator zwischen Einkommensungleichheit und Teenagerschwangerschaften.
Dabei ist soziales Vertrauen ein elementarer Bestandteil von Sozialkapital. East
(2013) fasst in einem Editorial des Journal of Adolescent Health zusammen,
dass ein hohes Level an sozialem Vertrauen und Zusammenhalt innerhalb einer
Gemeinschaft einerseits das Teenagerschwangerschaftsrisiko verringert und andererseits im Fall einer Teenagerschwangerschaft die jungen Familien finanziell und
sozial besser absichert.

Werteklima (H5). Mackenbach (2014) stellt in einer ländervergleichenden
Studie von 42 europäischen Ländern fest, dass Teenagerschwangerschaften signi-
fikant stark negativ mit Ingleharts (2007) *emanzipativen Werten* korreliert sind.
Laut Inglehart (ebd.) geht der Wandel von materialistischen zu postmateria-
listischen Werten mit dem Wandel von *Werten des Überlebens* zu *Werten der
Emanzipation und Selbstentfaltung* einher.

2.3.4 Schulische Leistungen von Kindern: Bildungsungleichheit

Das letzte soziale Problem, für das Wilkinson und Pickett (2016 [2010],
S. 125–140) die Einkommensungleichheitshypothese diskutieren, betrifft die
unterschiedlichen schulischen Leistungen von Kindern. Bildung stellt sowohl
für das Individuum als auch für die Gesellschaft eine wichtige Ressource dar.
Gesellschaften mit höherem Bildungsniveau sind produktiver und erzielen höhere
Steuereinnahmen. Menschen mit höherem Bildungsniveau verdienen mehr, sind
zufriedener, gesünder und engagierter, werden weniger straffällig und wählen
häufiger. Wilkinson und Pickett arbeiten dabei erneut heraus, dass Unterschiede
in den schulischen Leistungen von Kindern durch ein soziales Gefälle charakterisiert sind. Am unteren Rand der Gesellschaft sind die schulischen Leistungen der
Kinder geringer und die Bildungsabschlüsse niedriger. Eine wesentliche Ursache
dieser Bildungsungleichheit ist die geringere familiäre Unterstützung von Kindern
am unteren Rand der Gesellschaft mit ökonomischem, sozialem und kulturellem

Kapital. Diese führt bereits beim Eintritt in das Bildungssystem zu einer Chancenungleichheit, welche durch die sozialen Stressfaktoren am unteren Rand der Gesellschaft zusätzlich erhöht wird. Zu diesen gehören (relative) Armut, Streit und Gewalt in der Familie, psychische Erkrankungen und Zeitmangel von Elternteilen, Gewalt, Misstrauen und beengte Wohnverhältnisse. Die von Wilkinson und Pickett erörterten Erkenntnisse zum sozialen Gefälle der schulischen Leistungen von Kindern und Bildungsungleichheit werden durch zahlreiche Studien jahrzehntelanger Bildungsforschung gestützt (z. B. Bourdieu, 1971; Daniele, 2021; Naidoo, 2004; Poel, 2018). Beese und Liang (2010) zeigen exemplarisch für die USA, das Vereinigte Königreich und Kanada, dass Kinder wohlhabender Familien in der Schule in allen Klassen und Fächern besser performen. Hopfenbeck et al. (2018) weisen für alle OECD-Länder nach, dass die schulischen Leistungen von Kindern in den Bereichen Lesen, Mathematik und Naturwissenschaften signifikant mit der Höhe des sozioökonomischen Status ihrer Eltern korrelieren.

Einkommensungleichheit (H1). Wilkinson und Pickett (2016 [2010]) erörtern im Rahmen der *Spirit Level Theory* einen signifikanten Zusammenhang zwischen der Einkommensungleichheit und schulischen Leistungen. Sie interpretieren diesen vor dem Hintergrund verschiedener Erklärungsansätze. Erstens konstatieren sie, dass in ungleicheren Gesellschaften die Effekte des sozialen Gradienten der Bildungsungleichheit stärker ins Gewicht fallen und somit das durchschnittliche Bildungsniveau senken. Zweitens argumentieren sie, dass Armut und Deprivation den starken Einfluss von Ungleichheit auf den Bildungserfolg nicht allein erklären können. Zu den weiteren Einflussfaktoren gehören verschiedene Ländercharakteristika. Gleichere Länder leisten intensivere soziale Führsorge und finanzieren Bildungssysteme in einem höheren Ausmaß. Dazu gehören Familienbeihilfen und Steuererleichterungen, sozialer Wohnungsbau, Kindergeld und gute Angebote für die kindliche Früherziehung. Dabei profitieren von den staatlichen Aufwendungen nicht nur soziale Benachteiligte, sondern die gesamte Gesellschaft. Als drittes führen Wilkinson und Pickett Statusängste als Mediator zwischen Einkommensungleichheit und Bildungsleistung an. Sie argumentieren, dass schulische Leistungen in einem hohen Maße davon abhängig sind, wie sich Schüler*innen von anderen gesehen und eingeschätzt fühlen. Dieser Mechanismus wird als *stereotype threat* bezeichnet und meint die negative Anpassung der eigenen Leistung an stereotypisierte geringere Leistungserwartungen aufgrund äußerlicher Merkmale wie sozialem Status, Ethnie oder Geschlecht. Verschiedene wissenschaftliche Studien bestätigen die Einkommensungleichheitshypothese in Bezug auf die schulischen Leistungen von Kindern (Bildung) in wohlhabenden Ländern. Exemplarisch beschreibt Chiu (2008) für 65 OECD-Länder, dass familiäre Ungleichheiten einen negativen Einfluss auf die mathematische Kompetenz von

Schüler*innen besitzen. Jerrim und Macmillan (2015) zeigen für 20 wohlhabende Länder, dass Einkommensungleichheit, finanzielle Ressourcen und das Bildungsniveau der Eltern signifikant mit dem Bildungsniveau von Kindern und dessen finanziellem Ertrag zusammenhängen. Darüber hinaus stellen die Autor*innen dar, dass Länder mit hoher Einkommensungleichheit in einem geringeren Ausmaß in Bildung investieren, was die Bildungsungleichheit zusätzlich erhöht.

Wohlstand (H2). Chiu (2008) stellt für 65 OECD-Länder einen positiven Zusammenhang zwischen Wohlstand und der schulischen Leistung von Kindern heraus. Die Arbeiten von Chmielewski und Reardon (2016), Chudgar und Luschei (2009) sowie Daniele (2021) stützen die Wohlstandshypothese ebenfalls.

Ethnische Fraktionalisierung (H3). Meyer und Schiller (2013) stellen in einer Analyse von PISA-Daten für 62 OECD-Länder heraus, dass ethnische Diversität einen negativen Einfluss auf die Lesekompetenz von Schüler*innen hat. Dronkers und van der Velden (2013) zeigen in einer ähnlichen Analyse von PISA-Daten für 15 westliche OECD-Länder, dass ethnische Diversität negativ mit der schulischen Leistung von migrantischen Kindern und einheimischen Kindern assoziiert ist. Der negative Effekt für einheimische Kinder ist dabei nur in Ländern mit stark stratifizierten Schulsystemen signifikant.

Vertrauen (H4). Die Ergebnisse unterschiedlicher ländervergleichender Studien weisen auf einen positiven Zusammenhang zwischen sozialem Vertrauen und Bildung in wohlhabenden Ländern hin (z. B. in Borgonovi & Pokropek, 2017; Delhey & Newton, 2003; Fuller, 2014; Knack & Keefer, 1997). Diese Studien untersuchen das individuelle Bildungsniveau als erklärende Variable für die Höhe des Vertrauens. Dass das gesellschaftliche Vertrauenslevel auch auf die schulischen Leistungen von Kindern zurückwirkt, zeigt die Analyse von Sum und Bădescu (2018). Sie zeigen anhand von PISA-Daten von 68 OECD-Ländern, dass Ungleichheit an Schulen das soziale Vertrauen und dadurch die kooperativen Fähigkeiten der Schüler*innen verringert, was wiederum negative Auswirkungen auf ihre schulischen Leistungen hat.

Werteklima (H5). Diverse Studien zeigen, dass postmaterialistische Werteinstellungen positiv mit dem Bildungsgrad assoziiert sind (Abramson & Inglehart, 1994; Inglehart, 1971). Ursache und Wirkung des Zusammenhangs folgen ähnlich der Vertrauenshypothese jedoch einer anderen Interpretationsrichtung: Bildung erklärt hier als Marker der sozialen Position die Verteilung und den Wandel der Werteinstellungen. So zeigen Rözer et al. (2022) anhand einer gepoolten Zeitreihenanalyse von Daten aus 36 wohlhabenden Ländern zwischen 2006 und 2011, dass ein höherer Bildungsgrad mit geringeren materialistischen Einstellungen assoziiert ist, wogegen ein höheres Einkommen mit stärkeren materialistischen Einstellungen einhergeht. Bildung wird somit in der Werteforschung vorwiegend

als erklärende Variable verwendet. Dagegen gibt es nahezu keine Forschung zu
Auswirkungen des Werteklimas auf die schulischen Leistungen von Kindern in
wohlhabenden Gesellschaften. Feldmann (2020) zeigt für 55 Länder, dass Personen mit postmaterialistischen Einstellungen Bildung einen höheren Stellenwert
zuweisen. Sørensen et al. (2016) stellen heraus, dass sich postmaterialistische
Einstellungen auf den Erziehungsstil von Eltern und damit einhergehend positiv auf die schulischen Leistungen ihrer Kinder auswirken. Weiterhin legen sie
dar, dass sich materialistische Einstellungen negativ auf die schulischen Leistungen der Kinder auswirken, wenn diese mit traditionalistischen Einstellungen
einhergehen; sich aber positiv auf die schulischen Leistungen auswirken, wenn
Bildungserfolg mit langfristiger ökonomischer Sicherheit assoziiert wird.

2.3.5 Niedrige Wahlbeteiligung: Ein übersehenes Problem

Ein weiteres soziales Problem, welches durch ein soziales Gefälle charakterisiert ist (Bratsberg et al., 2019; Ojeda, 2018; J. Schäfer et al., 2021), durch
Einkommensungleichheit erklärt werden kann, zu deren Reproduktion beiträgt
und darüber hinaus nicht von Wilkinson und Pickett berücksichtigt wurde, ist
die unterschiedliche Wahlbeteiligung von armen und reichen Bürger*innen in
wohlhabenden Ländern. Die theoretische Vorarbeit hat der US-amerikanische
Politikwissenschaftler Schattschneider (1960) bereits vor über 60 Jahren in
seinem Buch *The semisovereign people: a realist's view of democracy in America* geleistet. Schattschneider argumentiert, dass ökonomische Ressourcen dazu
genutzt werden, die politische Agenda zu bestimmen. In ungleicheren Gesellschaften verfügen reichere Menschen über mehr Ressourcen als ärmere Menschen
und damit einen entscheidenden Vorteil bei der Bestimmung der Inhalte und
Problemfelder, welche zur politischen Debatte stehen und welche nicht. Schattschneider argumentiert, dass die Berücksichtigung der Probleme und Interessen
armer Menschen innerhalb politischer Debatten in dem Maß abnimmt, indem reiche Menschen ihre Ressourcen einsetzen, um ihre eigenen Positionen und Inhalte
auf die politische Agenda zu setzen. Das ermöglicht reichen Menschen einerseits,
politische Debatten und Aushandlungsprozesse zu dominieren und andererseits,
die Anliegen armer Menschen zu verdrängen. Damit verliert die Abgabe der eigenen Stimme bei Wahlen in dem Maß an Wert, in dem die Politik die eigenen
Interessen und Problemfelder ausklammert, was die Abnahme der Wahlbeteiligung insbesondere am unteren Rand der Gesellschaft erklärt (Schattschneider,
1960, S. 102–106). Dass Menschen mit niedrigerem sozioökonomischen Status
ihr Wahlrecht weniger häufig wahrnehmen, die Wahlbeteiligung somit durch ein

soziales Gefälle charakterisiert ist, wird durch verschiedene Studien belegt (z. B. Bratsberg et al., 2019; Ojeda, 2018; J. Schäfer et al., 2021).

Einkommensungleichheit (H1). Solt (2010) stellt in einer Untersuchung von 144 US-Gouverneurswahlen in einem Zeitraum von 20 Jahren fest, dass Wahlbeteiligung und Einkommensungleichheit positiv miteinander assoziiert sind. Die Ergebnisse der Multilevel-Analyse zeigen im Zeitverlauf, dass eine Erhöhung der Einkommensungleichheit mit einer geringeren Wahrscheinlicht der Stimmabgabe einhergeht. Daraus schlussfolgert Solt, dass politische Ungleichheit in einem hohen Maß von der Einkommensungleichheit abhängig ist und Einkommensungleichheit diese Form der politischen Ungleichheit manifestiert, wenn nicht sogar verstärkt. Neben Solt (2010) bestätigen auch Jensen und Jespersen (2017) die Einkommensungleichheitshypothese (H4) im Kontext unterschiedlicher Wahlbeteiligungen für 30 wohlhabende europäische Länder. Stockemer (2017) zeigt anhand einer Meta-Analyse der Einflussfaktoren auf die Wahlbeteiligung, dass in 14 peer-reviewten Artikeln 41 Regressionsmodelle gerechnet wurden, die den Zusammenhang zwischen Einkommensungleichheit und Wahlbeteiligung schätzen. Von den 41 Modellen zeigten 22 einen positiven Einfluss der Einkommensungleichheit auf die Wahlbeteiligung, 6 einen negativen und 13 keinen signifikanten Zusammenhang.

Wohlstand (H2). Jensen und Jespersen (2017) stellen fest, dass Wohlstand einen positiven Einfluss auf die Wahlbeteiligung besitzt. Danaj und Lami (2017) bestätigen diesen Zusammenhang anhand einer Untersuchung von 248 [sic!] Ländern zwischen 2002 und 2014. Dagegen zeigen die Ergebnisse der Paneldatenanalyse sechs wohlhabender Länder (Deutschland, Niederlande, Spanien, Schweiz, Vereinigtes Königreich, USA) von Jungkunz und Marx (2021), dass Einkommensveränderungen keinen signifikanten Einfluss auf die Höhe der Wahlbeteiligung besitzen. Die bereits beschriebene Metaanalyse von Stockemer (2017) stützt diesen uneindeutigen Befund. Er stellt nach der Betrachtung von 94 Regressionsmodellen aus 38 peer-reviewten Artikeln fest, dass 29 Modelle einen positiven Zusammenhang zwischen Wohlstand (*per capita GDP*) und der Wahlbeteiligung schätzen, 24 einen negativen und 41 keinen signifikanten Zusammenhang.

Ethnische Fraktionalisierung (H3). Kouba et al. (2021) stellen ländervergleichend heraus, dass ethnische Minderheiten mehr am Ausgang von Wahlen interessiert sind und daher häufiger wählen gehen. Den Zusammenhang erklären sie über einen konflikttheoretischen Zugang. Dagegen zeigen Martinez i Coma und Nai (2017) in einer ebenfalls ländervergleichenden Studie, dass

die ethnische Diversität negativ mit der Höhe der Wahlbeteiligung assoziiert ist. Sie erklären den Zusammenhang unter Verweis auf Schattschneiders
Einkommensungleichheitshypothese.

Vertrauen (H4). Benson und Rochon (2004) argumentieren, dass Menschen
mit höherem sozialen Vertrauen eher zur politischen Partizipation neigen. Diese
resultiert dabei aus der Erwartung, dass andere Menschen es ihnen gleichtun,
was zu einer positiven Einschätzung des potenziellen Nutzens einer Beteiligung
führt. Diverse wissenschaftliche Arbeiten finden ähnliche positive Zusammenhänge (z. B. Delhey & Newton, 2005; Hadjar & Beck, 2010; Letki, 2004;
Newton, 2001; Putnam, 2000). Andere Studien berichten allerdings von margina-
len bis keinen Zusammenhängen der beiden Größen (z. B. Bäck & Christensen,
2016; Uslaner & Brown, 2005).

Werteklima (H5). Unterschiedliche Studien legen dar, dass die Höhe der
Wahlbeteiligung mit dem Wandel von materialistischen zu postmaterialistischen
Wertvorstellungen positiv assoziiert ist (z. B. Crepaz, 1990; Hadjar & Beck,
2010; Inglehart & Abramson, 1995; Stockemer, 2015). Inglehart und Abramson
(1995) argumentieren, dass Menschen mit postmaterialistischen Wertorientierungen einerseits ein stärkeres Mitspracherecht einfordern und somit im Vergleich zu
Menschen mit materialistischen Wertorientierungen häufiger ihr Wahlrecht wahrnehmen. Andererseits beschreiben sie, dass Postmaterialist*innen nach unkonven-
tionellen Formen der politischen Mitbestimmung abseits von Wahlen suchen, was
auch mit einer Abnahme ihrer Wahlbeteiligung einhergehen kann. Verschiedene
Studien finden unter Rückgriff auf diese Argumentation sowohl positive (z. B.
Henn et al., 2018) als auch negative (z. B. Theocharis, 2011) Zusammenhänge.

2.4   Zusammenfassung des Forschungsstands

Tabelle 2.2 fasst den aktuellen Stand der Forschung zu den Zusammenhängen
und Effekten der Einflussfaktoren Einkommensungleichheit, Wohlstand, ethnische Fraktionalisierung, Vertrauen und Werteklima auf die fünf ausgewählten
sozialen Probleme in einer Übersicht zusammen. Kreuze (+) markieren statistisch positive Assoziationen zwischen Faktor und Problem, Striche (–) statistisch
negative. *Einkommensungleichheit.* Der Forschungsstand deutet darauf hin, dass
höhere Einkommensungleichheit mit höheren Mord-, Inhaftierungs- und Schwan-
gerschaftsraten einhergeht sowie mit schlechteren schulischen Leistungen und
einer geringeren Wahlbeteiligung.

Tabelle 2.2 Übersicht der erwarteten Zusammenhänge zwischen den erklärenden Variablen und sozialen Problemen

	Morde	Inhaftierungen	Teenager-schwanger-schaften	Schulische Leistungen	Wahl-beteiligung
Einkommen-sungleichheit	+	+	+	–	–
Wohlstand	–	–	–	+	+
Ethnische Fraktionali-sierung	+	+	+	–	– / +
Soziales Vertrauen	–	–	–	+	+
Materialisti-sches Werteklima	+	+	+	–	–

Quelle: Eigene Darstellung

Wohlstand. Der Forschungsstand deutet darauf hin, dass höherer Wohlstand mit niedrigeren Mord-, Inhaftierungs- und Teenagerschwangerschaftsraten einhergeht sowie mit besseren schulischen Leistungen und einer höheren Wahlbeteiligung. *Ethnische Fraktionalisierung.* Nach dem Stand der Forschung kann davon ausgegangen werden, dass eine höhere ethnische Fraktionalisierung mit höheren Mord-, Inhaftierungs- und Teenagerschwangerschaftsraten einhergeht sowie mit schlechteren schulischen Leistungen. Mit Blick auf die Wahlbeteiligung zeigt die Forschungsliteratur ein uneinheitliches Bild. Es kann sowohl eine positiver als auch ein negativer Zusammenhang erwartet werden. *Vertrauen.* Der Forschungsstand deutet darauf hin, dass höheres Vertrauen mit niedrigeren Mord-, Inhaftierungs- und Teenagerschwangerschaften assoziiert ist und mit besseren schulischen Leistungen und einer höheren Wahlbeteiligung einhergeht. *Werteklima.* Abschließen kann erwartet werden, dass ein materialistisches Werteklima mit höheren Mord-, Inhaftierungs- und Teenagerschwangerschaftsraten einhergeht sowie mit schlechteren schulischen Leistungen und einer niedrigeren Wahlbeteiligung.

Daten und Methoden

3

3.1 Länderauswahl

Die vorliegende Arbeit fokussiert auf soziale Probleme in wohlhabenden Ländern. Um entsprechende Länder zu identifizieren, wurde auf die Einkommensklassifikation der World Bank zurückgegriffen (Fantom & Serajuddin, 2016). Gemessen am Bruttonationaleinkommen pro Kopf werden Länder in vier Einkommensklassen unterteilt: (1) hohes Einkommen, (2) oberes mittleres Einkommen, (3) unteres mittleres Einkommen und (4) geringes Einkommen. Als wohlhabend werden die Länder klassifiziert, welche durch ein hohes oder oberes mittleres Einkommen charakterisiert sind. Aus den insgesamt 218 von der World Bank klassifizierten Ländern wurden im ersten Schritt die Länder ausgewählt, welche im Jahr 2020 ein hohes Einkommen aufweisen konnten. Daraus ergibt sich ein Startpunkt für die weitere Fallauswahl von 80 Ländern. Im zweiten Schritt wurden sieben Länder ausgeschlossen, welche zwischen 1990 und 2000 nicht mindestens durch ein unteres mittleres Einkommen und zwischen 2001 und 2020 nicht durch ein oberes mittleres oder hohes Einkommen charakterisiert waren. Durch diesen Schritt werden vor dem Hintergrund des dreißigjährigen Untersuchungszeitraums (1990 bis 2020) vor allem osteuropäische Länder in der Fallauswahl berücksichtigt,

Ergänzende Information Die elektronische Version dieses Kapitels enthält Zusatzmaterial, auf das über folgenden Link zugegriffen werden kann https://doi.org/10.1007/978-3-658-39865-1_3.

welche sich erst in den 1990er Jahren[1] als wohlhabende Länder etablieren konnten. Im dritten Schritt wurden zehn Länder als Steueroasen ausgeschlossen, da
diese nach einem Bericht der OECD den international vereinbarten Steuerstan-
dard nicht umgesetzt haben (Owens & Saint-Amans, 2009). Anschließend wurden
im vierten Schritt 14 Länder mit einer Bevölkerungsanzahl von unter 300.000
Personen im Jahr 2020 ausgeschlossen, da sich soziale Prozesse in besonders
kleinen Gesellschaften anders abspielen können als in größeren. Im fünften und
letzten Schritt der Fallauswahl wurden neun Länder aufgrund fehlender Daten
der World Bank, der Standardized World Income Inequality Database (SWIID),
dem Integrated Values Survey (IVS) und des Programme for International Student
Assessment (PISA) ausgeschlossen. Nach diesen Schritten ergibt sich eine finale
Auswahl von 40 wohlhabenden Ländern. Im Vergleich zur Länderauswahl von
Wilkinson und Pickett (22 Länder) wurde das vorliegende Set durch 18 Länder
nahezu verdoppelt und ist durch eine höhere geographische und kulturelle Diversität gekennzeichnet. So wurde dem Länderset neben vier weiteren westlichen
und fünf weiteren nicht-westlichen Ländern neun osteuropäische Länder hinzu-
gefügt. Tabelle 3.1 gibt einen Überblick über die Schritte der Länderauswahl und
das finale Länderset.

---

[1] Länder mit unterem mittlerem Einkommen im Untersuchungszeitraum: Chile (1990/92),
Estland (1964/66), Kroatien (1992/94), Lettland (1992/2000), Litauen (1992/2000), Polen
(1990/95), Slowakei (1992/95), Tschechien (1992/93).

Tabelle 3.1 Auswahl der wohlhabenden Länder nach theoretischen Überlegungen und Datenverfügbarkeit

Ausgangspunkt: 80 Länder
Hohes Einkommen im Jahr 2020

Theoretische Eingrenzung (1): Ausschluss der Länder, welche zwischen 2001–2020 kein oberes mittleres oder hohes Einkommen und zwischen 1990–2000 nicht mindestens unteres mittleres Einkommen aufweisen (−7 Länder)
>> *Britische Jungferninseln, Curacao, Gibraltar, Nauru, St. Maarten (niederländischer Teil), St. Martin (französischer Teil), Turks- und Caicosinseln*

Theoretische Eingrenzung (2): Ausschluss von Steueroasen (−10 Länder)
>> *Andorra, Antigua und Barbuda, Aruba, Bahamas, Bahrain, Bermuda, Cayman-Inseln, Lichtenstein, Monaco, St. Kitts und Nevis*

Theoretische Eingrenzung (3):
Ausschluss von Ländern mit weniger als 300.000 Einwohner*innen (−14 Länder)
>> *Barbados, Kanalinseln, Färöer-Inseln, Französisch-Polynesien, Grönland, Guam, Isle of Man, Neukaledonien, Nördliche Marianen, Oman, Palau, San Marino, Seychellen, Jungferninseln (U.S.)*

Fehlende Daten (−9 Länder)
(1) World Bank >> *Taiwan*

(2) SWIID (Gini) >> *Brunei Darussalam, Kuwait, Macao SAR, Oman, Katar, Saudi-Arabien*

(3) Integrated Values Survey >> *Israel, Vereinigte Arabische Emirate*

(4) PISA >> *Puerto Rico, Vereinigte Arabische Emirate*

Finale Auswahl von 40 wohlhabenden Ländern (vollständiges Länderset):
>> *Australien, Belgien, **Chile**, Dänemark, Deutschland, **Estland**, Finnland, Frankreich, Griechenland, **Hong Kong**, Irland, **Island**, Italien, Japan, Kanada, **Kroatien**, **Lettland**, **Litauen**, **Luxemburg**, **Malta**, Neuseeland, Niederlande, Norwegen, Österreich, **Polen**, Portugal, Schweden, Schweiz, Singapur, **Slowakei**, **Slowenien**, Spanien, **Südkorea**, **Tschechien**, **Ungarn**, **Trinidad und Tobago**, **Uruguay**, Vereinigtes Königreich, Vereinigte Staaten, **Zypern***

Anmerkung: *„Australien"* = 22 Länder aus dem Länderset von Wilkinson & Pickett (2016 [2010])
„Uruguay" = 18 hinzugefügte Länder
„Lettland" = Länder mit unteren mittleren Einkommen zwischen 1990 und 2000
Quelle: Eigene Darstellung nach Delhey & Steckermeier, 2020.

3.2   Daten

Ökonomische Faktoren
Um die Verteilung sozialer Probleme in wohlhabenden Ländern zu erklären, wurden zwei ökonomische Faktoren operationalisiert: Die Einkommensungleichheit und Wohlstand. **Die Einkommensungleichheit** wird über den Gini-
Koeffizienten gemessen. Dieser beschreibt in einem Wertebereich von 0 bis 100
die Netto-Haushaltseinkommensverteilung innerhalb einer Gesellschaft, wobei
höhere Werte eine höhere Ungleichverteilung indizieren. Die Gini-Koeffizienten
wurden der *Standardized World Income Inequality Database* (SWIID, Version 9.2)
entnommen (Solt, 2020). Abbildung 3.1 zeigt die Verteilung der Einkommensungleichheit innerhalb des Ländersets im Jahr 2020 sowie ihre relative Entwicklung
gegenüber dem Jahr 1990. Die vier Länder mit der höchsten Einkommensungleichheit im Jahr 2020 sind Chile, Trinidad und Tobago, Hong Kong und die
USA. Die vier Länder mit der geringsten sind die Slowakei, Island, Slowenien
und Tschechien.

Die Abbildung zeigt zudem, dass in 31 von 40 wohlhabenden Ländern die
Einkommensungleichheit über den dreißigjährigen Untersuchungszeitraum zugenommen hat. Lediglich in neun Ländern konnte die Einkommensungleichheit
zwischen 1990 und 2020 verringert werden.

Der **Wohlstand** der Länder wird über das Bruttoinlandsprodukt pro Kopf in
Kaufkraftparitäten in laufenden internationalen $ gemessen (von hier an GDP
genannt, engl. für *gross domestic product* bzw. dt. für Bruttoinlandsprodukt). Die
entsprechenden Daten wurden von der *World Bank* bezogen (World Bank, 2021b).
Abbildung 3.2 zeigt die Verteilung des GDP pro Kopf innerhalb des Ländersets
im Jahr 2020 sowie ihre relative Entwicklung gegenüber dem Jahr 1990. Wohlhabende Länder konnten ihren Wohlstand innerhalb des Untersuchungszeitraums
steigern. Die vier Länder mit dem höchsten GDP pro Kopf im Jahr 2020 sind
Luxemburg, Singapur, Irland und die Schweiz. Die Länder mit dem geringsten
GDP pro Kopf sind Kroatien, Trinidad und Tobago, Chile und Uruguay. Für
die bi- und multivariaten Analyseschritte wurde das GDP logarithmiert, um die
großen Abstände zwischen den Ländermittelwerten einzuhegen.

Kulturelle Faktoren
Neben den ökonomischen Faktoren wurden drei verschiedene kulturelle Fakto-
ren zur Erklärung der ausgewählten sozialen Probleme operationalisiert: Soziales
Vertrauen, Werteklima und ethnische Fraktionalisierung.

Die ethnische Fraktionalisierung der Länder wird dem *Historical Index
of ethnical Fractionalization (HIEF)* entnommen (Dražanová, 2020). Der HIEF

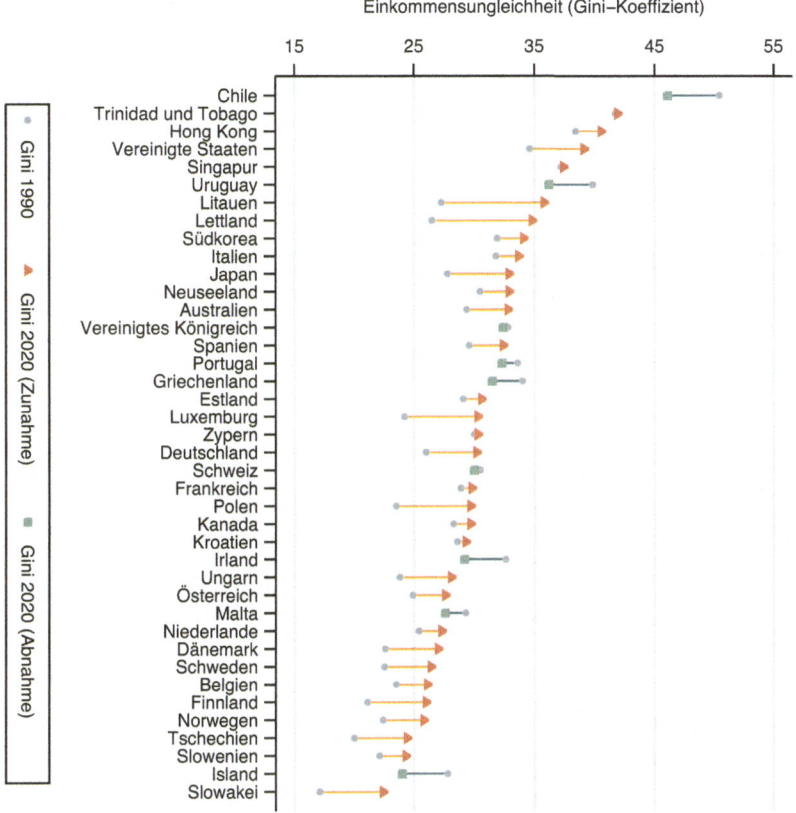

Abbildung 3.1 Verteilung und Entwicklung der Einkommensungleichheit der 40 wohl-habenden Länder 1990/ 2020. (Quelle: SWIID 9.2 (Solt, 2020), eigene Berechnung und Darstellung)

kalkuliert den Grad der ethnischen Fraktionalisierung eines Landes über den prozentualen Anteil ethnischer Gruppen an der Gesamtbevölkerung über einen Zeitraum von 1945 bis 2013 für 126 Länder. Datenlücken zwischen 2013 und 2020 wurden durch das beschriebene Verfahren extrapoliert. Für fünf der 40 wohlhabenden Länder liegen keine Daten vor (Frankreich, Hong Kong, Island, Luxemburg, Malta). Der HIEF besitzt einen Wertebereich zwischen 0 und 1. Ein Wert von 0 würde theoretisch bedeuten, dass alle Menschen innerhalb eines Landes derselben ethnischen Gruppe zugehörig sind; ein Wert von 1, dass alle

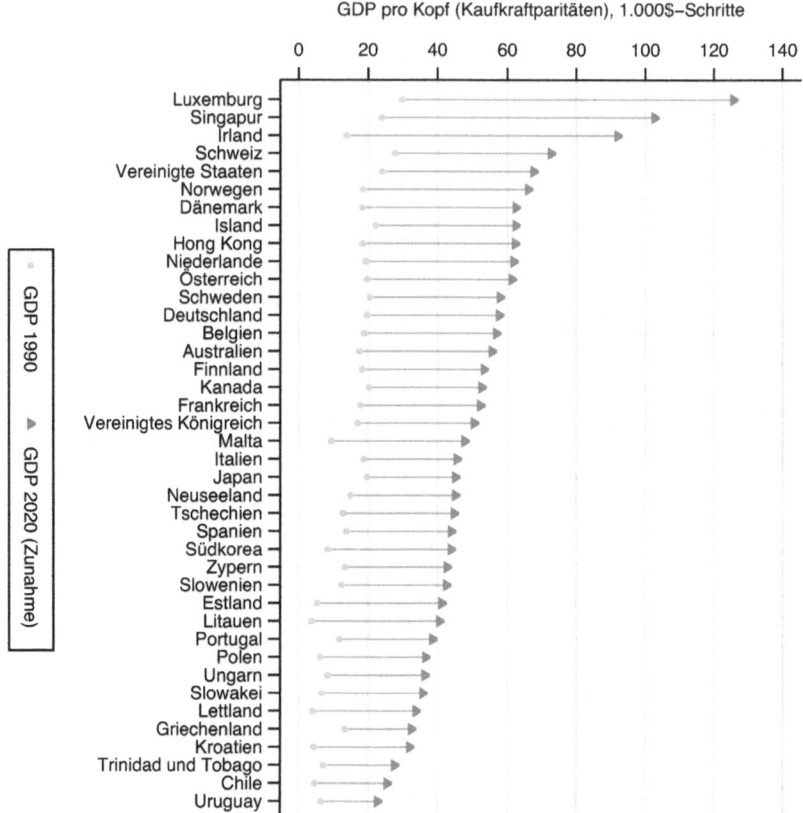

Abbildung 3.2 Verteilung und Entwicklung des Wohlstands der 40 wohlhabenden Länder 1990/ 2020. (Quelle: World Bank (2021b), eigene Berechnung und Darstellung)

Menschen einer eigenen ethnischen Gruppe angehören. Abbildung 3.3 zeigt die Verteilung der ethnischen Fraktionalisierung innerhalb des Ländersets im Jahr 2020 sowie ihre relative Entwicklung gegenüber dem Jahr 1990. Sie stellt dar, dass sich die ethnische Fraktionalisierung in 32 der 40 untersuchten wohlhabenden Länder im Untersuchungszeitraum erhöht hat. Lediglich acht Länder weisen im Jahr 2020 eine geringere Fraktionalisierung gegenüber 1990 auf. Die vier Länder mit der höchsten ethnischen Fraktionalisierung im Jahr 2020 sind Kanada,

Spanien, Trinidad und Tobago und Belgien. Die vier Länder mit der geringsten ethnischen Fraktionalisierung sind Finnland, Italien, Polen und Japan. Die
größte Zunahme der Fraktionalisierung fand in den Niederlanden statt, die größte
Abnahme in Kroatien. Aufgrund der Datenverfügbarkeit bis in das Jahr 2013
kann die Extrapolation der Daten zwischen 2013 und 2020 die Zunahme der
ethnischen Fraktionalisierung durch die Flüchtlingskrise 2015 nicht abbilden.

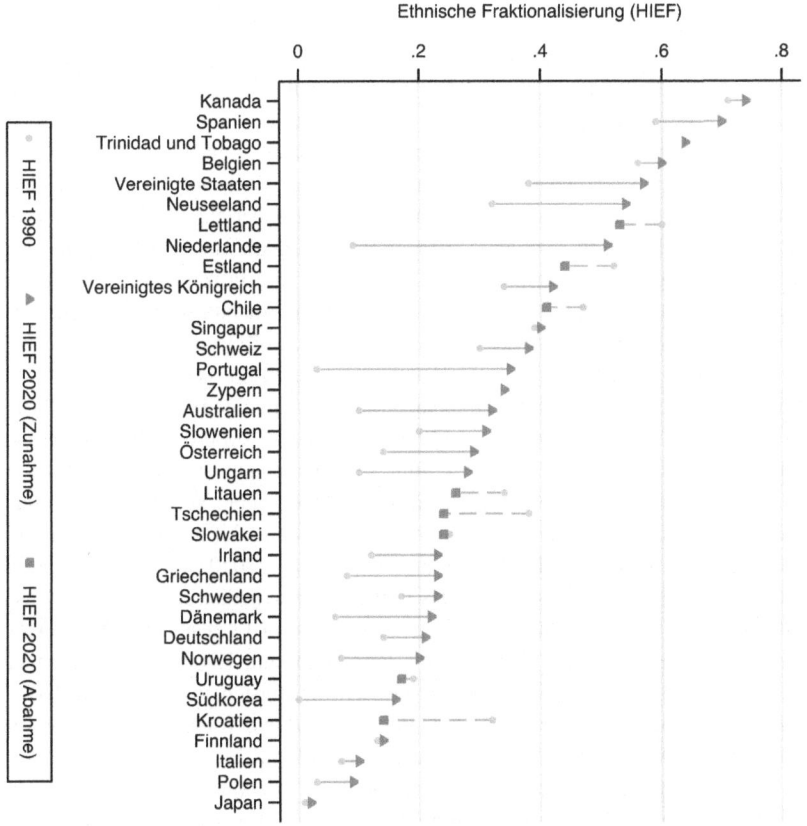

Abbildung 3.3 Verteilung und Entwicklung der ethnischen Fraktionalisierung der 40
wohlhabenden Länder 1990/ 2020. (Quelle: HIEF (Dražanová, 2020), eigene Berechnung
und Darstellung)

Das **soziale Vertrauen** wird über eine Variable aus dem *Integrated Values Survey (IVS) 1981–2021* erfasst, die das interpersonale Vertrauen abfragt. Nach den Ausführungen von Sztompka (1999, S. 59) steht hinter allen verschiedenen Vertrauensformen, wie z. B. dem persönlichen, kategorialen, positionellen, gruppenbezogenen, institutionellen, kommerziellen oder systemischen Vertrauen, das Vertrauen in Menschen und deren Handeln. Darin liegt die theoretische Begründung, das interpersonale Vertrauen als Proxy für soziales Vertrauen zu verwenden. Das interpersonale Vertrauen wird durch die Frage „*Generally speaking, would you say that most people can be trusted or that you can't be too careful in dealing with people?*" gemessen. Die Antwort *"Most people can be trusted"* wurde mit 1 codiert, die Antwort *"Can't be too careful"* mit 0. Durch die Aggregation ihrer Mittelwerte auf der Länderebene gibt die Variable auf einer Skala von 0 bis 1 den Anteil der vertrauenden Menschen in einem Land an. Für eine bessere Interpretation werden die Ländermittelwerte mit 100 multipliziert, um den Anteil der Vertrauenden zwischen 0 und 100 Prozent berichten zu können. Das Land mit dem höchsten sozialen Vertrauen ist Dänemark mit 76,21 Prozent, das Land mit dem geringsten Trinidad und Tobago mit 3.22 Prozent. Der IVS ist ein zusammengesetzter Datensatz aus den aggregierten Erhebungswellen der *European Value Study* (EVS) von 1981 bis 2017 (EVS, 2021) und des *World Value Survey* (WVS) von 1981 bis 2021 (Haerpfer et al., 2021). Der EVS bringt vier Erhebungswellen in den IVS im Untersuchungszeitraum ein (1989/93, 1999/2001, 2008/10, 2017/20), der WVS sechs (1990/92, 1995/98, 2000/04, 2008, 2010/14, 2017/22). Im Ländermittel lagen ca. fünf Beobachtungen zu unterschiedlichen Zeitpunkten zwischen 1990 und 2020 für das interpersonale Vertrauen vor; minimal zwei und maximal acht Beobachtungen. Abbildung 3.4 zeigt die Verteilung des Vertrauens innerhalb der Länderauswahl im Jahr 2020 sowie ihre relative Entwicklung in Vergleich zu 1990. Das mittlere Vertrauen ist im Untersuchungszeitraum in 23 wohlhabenden Ländern gestiegen und in 17 gesunken ist. Die vier Länder mit dem höchsten Vertrauen im Jahr 2020 sind Dänemark, Norwegen, Finnland und Island. Die vier Länder mit dem geringsten interpersonalen Vertrauen sind Kroatien, Zypern, Griechenland, Trinidad und Tobago (und Uruguay). Den stärksten Vertrauensgewinn verzeichnen Island und Luxemburg, den stärksten Vertrauensrückgang Kroatien und Griechenland. Singapur (1990) und Uganda (2020) besitzen durch das unten beschriebene Interpolationsverfahren einen Wert von 0.

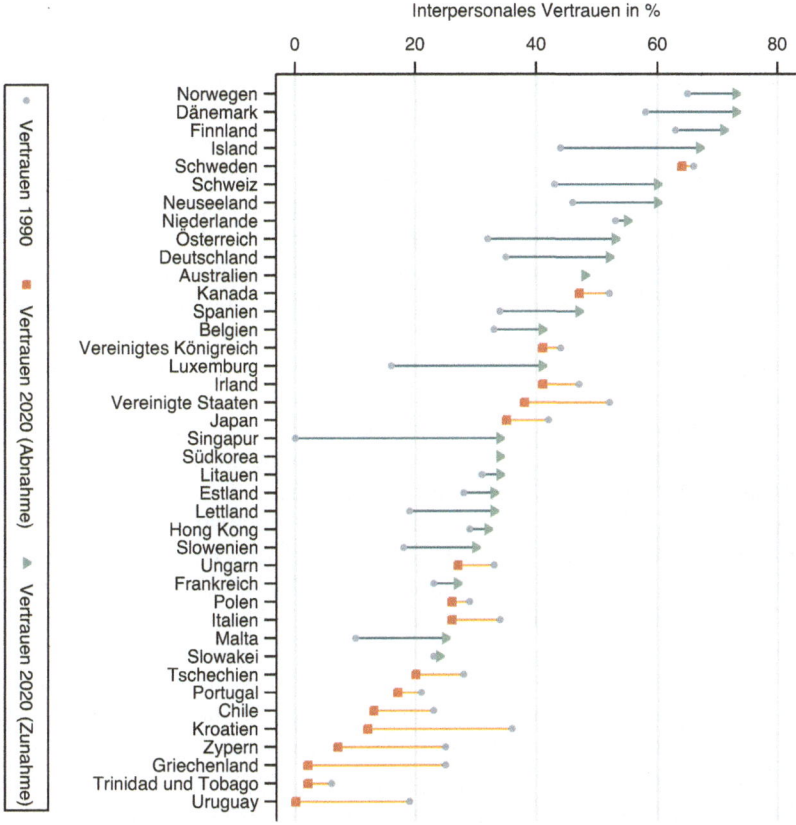

Abbildung 3.4 Verteilung und Entwicklung des interpersonalen Vertrauens der 40 wohlhabenden Länder 1990/ 2020. (Quelle: EVS (2021), Haerpfer et al. (2021), eigene Berechnung und Darstellung)

Das Werteklima, bzw. unterschiedliche Wertvorstellungen, innerhalb der untersuchten Länder wurde unter Rückgriff auf Ronald Ingleharts und Paul Abramsons Theorie des Wertewandels (Inglehart, 1971; Inglehart & Abramson, 1995) über die Materialismusrate erfasst. Diese drückt das Verhältnis von Personen mit materialistischen Einstellungen zu Personen mit postmaterialistischen Einstellungen innerhalb einer Gesellschaft aus:

$$Materialismusrate = \frac{Anteil\ der\ Materialist * innen}{Anteil\ der\ Postmaterialist * innen}$$

Länder, in denen die Anzahl postmaterialistisch eingestellter Menschen größer ist als die materialistisch eingestellter, besitzen eine Materialismusrate zwischen 0 und 1. Bei umgekehrtem Verhältnis nimmt die Rate einen Wert > 1 an. Die Daten für die Konstruktion der Materialismusrate sind dem IVS entnommen. Deren Grundlage ist der 4-Item Index von Inglehart und Abramson (1999). Dieser wird aus den Antworten auf folgende Frage erstellt: *„If you had to choose, which one of the things on this card would you say is most important?"* Die Antwortmöglichkeiten, aus denen die Befragten zwei priorisieren sollen, lauten: (1) *Maintaining order in the nation*, (2) *Give people more say in important government decisions*, (3) *Fighting rising prices* und (4) *Protecting freedom of speech*. Personen, welche (1) und (3) priorisieren, werden als Materialist*innen typisiert; Personen, welche (2) und (4) priorisieren, als Postmaterialist*innen. Personen, welche von dieser Charakteristik abweichen, werden als Mischtypen gekennzeichnet und in der vorliegenden Analyse nicht weiter berücksichtigt. Wie beim Vertrauen liegen im Untersuchungszeitraum von 1990 bis 2020 ca. fünf Datenpunkte pro Land vor; minimal zwei und maximal acht. Das Land mit der geringsten Materialismusrate im Sample ist Schweden mit einem Wert von 0,11 (2018), was einem ungefähren Verhältnis von 1:10 zwischen Materialist*innen und Postmaterialist*innen entspricht. Das Land mit der höchsten Materialismusrate ist Ungarn mit einem Wert von 29,7 (1998), was einem ungefähren Verhältnis von 30:1 zwischen Materialist*innen und Postmaterialist*innen entspricht. Um die Materialismusrate statistisch besser abbilden zu können, wurde sie logarithmiert. Datenpunkte kleiner als Null kennzeichnen damit Länder, in denen der Anteil von Personen mit postmaterialistischen Einstellungen größer ist als der mit materialistischen Einstellungen. Entsprechende Länder werden als postmaterialistisch beschrieben. Datenpunkte größer als Null kennzeichnen Länder, in denen der Anteil von Personen mit materialistischen Einstellungen größer ist als der mit postmaterialistischen Einstellungen. Entsprechende Länder werden als materialistisch beschrieben. Abbildung 3.5 zeigt die Verteilung der logarithmierten Materialismusrate im Jahr 2020 sowie ihre relative Entwicklung im Vergleich zu 1990. Die Abbildung legt dar, dass 19 von 40 wohlhabenden Ländern im Jahr 2020 als materialistisch und 16 von 40 Ländern als postmaterialistisch charakterisiert werden können. Zusätzlich geht aus ihr hervor, dass die Materialismusrate seit 1990 in 18 Ländern zu- und in 17 Ländern abgenommen hat. Dadurch wechselten drei Länder ihren Status von postmaterialistischen zu materialistischen und fünf Länder von materialistischen zu postmaterialistischen Ländern. Die vier

Länder mit den höchsten Materialismusraten im Jahr 2020 sind Südkorea, Griechenland, Malta und Irland; die mit den niedrigsten Schweden, Deutschland, die USA und Finnland.

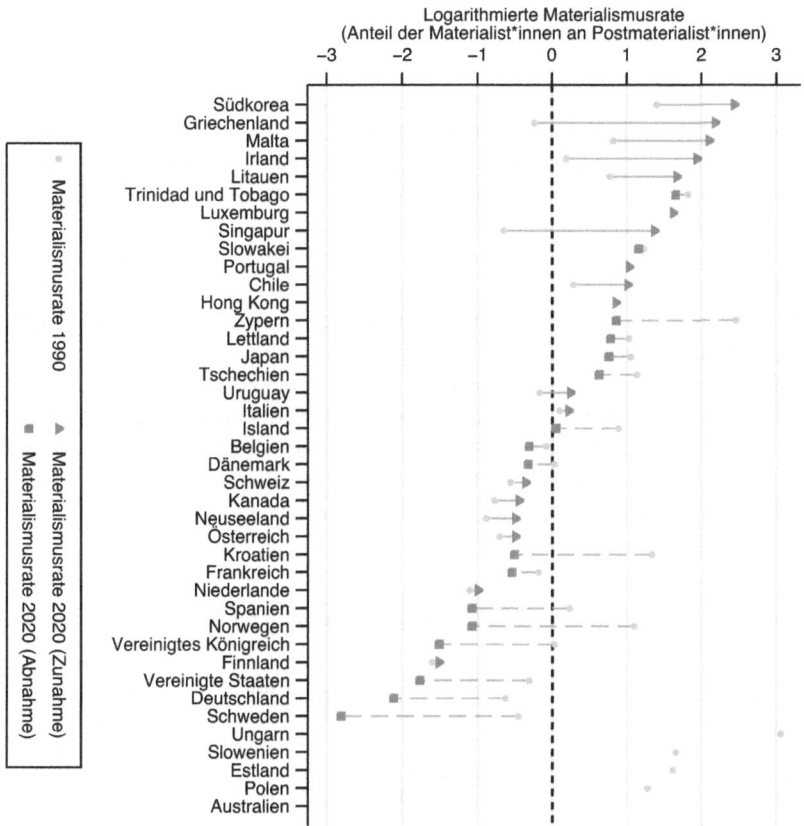

Abbildung 3.5 Verteilung und Entwicklung der Materialismusrate der 40 wohlhabenden Länder 1990/ 2020. (Quelle: EVS (2021), Haerpfer et al. (2021), eigene Berechnung und Darstellung)

Darüber hinaus zeigt die Abbildung vier Länder ohne einen Datenpunkt für das Jahr 2020 (Slowenien, Polen, Ungarn, Estland), zwei Länder ohne einen Datenpunkt für 1990 (Luxemburg, Hong Kong) und ein Land ohne Datenpunkte

(Australien). Diese Darstellungslücken resultieren aus dem unten beschriebenen Interpolationsverfahren: Wird eine Materialismusrate von 0 geschätzt, führt
deren Logarithmieren zu einer unbestimmten Leerstelle. Diese abwegigen bzw.
fehlenden Werte stellen lediglich für die Deskriptive ein Problem dar. Eine Übersicht der tatsächlichen und interpolierten Werte findet sich in Anhang 4 im
elektronischen Zusatzmaterial.

Korrelationen der unabhängigen Variablen
Tabelle 3.2 stellt die Korrelationen der unabhängigen Variablen untereinander für
das bereinigte Länderset zwischen 1990 und 2020 dar. Einkommensungleichheit
ist weder mit Wohlstand noch mit dem Werteklima signifikant assoziiert. Dagegen korreliert sie über den gesamten Untersuchungszeitraum hinweg mittelstark
negativ mit dem Vertrauen ($r_{2020} = -0{,}412^{**}$) und zwischen 2009 und 2016 mittelstark positiv mit der ethnischen Fraktionalisierung ($r_{2016} = 0{,}356^{*}$). Wohlstand
ist dagegen nicht signifikant mit der ethnischen Fraktionalisierung assoziiert,
jedoch über den gesamten Untersuchungszeitraum hinweg mittelstark bis stark
positiv mit dem Vertrauen ($r_{1990} = 0{,}378^{*}$; $r_{2020} = 0{,}609^{***}$) und zwischen 1990
und 2010 mittelstark bis stark negativ mit dem Werteklima ($r_{1990} = -0{,}474^{*}$;
$r_{1996} = -0{,}723^{***}$; $r_{2010} = -0{,}337^{*}$). Weder Vertrauen noch das Werteklima sind
signifikant mit der ethnischen Fraktionalisierung assoziiert. Dagegen hängen Vertrauen und Werteklima über den gesamten Untersuchungszeitraum hinweg stark
negativ miteinander zusammen ($r_{2020} = -0{,}563^{***}$).

Tabelle 3.2 Korrelationstabelle der unabhängigen Variablen für das bereinigte Länderset
zwischen 1990 und 2020

	Gini	Log GDP	HIEF	Vertrauen
Log GDP	. *(00/31)*			
HIEF	**+ (08/31)**	. *(00/31)*		
Vertrauen	**− (31/31)**	**+ (31/31)**	. *(00/31*	
Materialismus	**+** *(02/30)*	**− (21/31)**	. *(00/31)*	**− (31/31)**

Anmerkung: [.] = kein signifikanter Zusammenhang; [+/−] = positiver/ negativer Zusammenhang an X von 31 Zeitpunkten (XX/31). N(1240) n(40) T(31). Ausreißer: Chile (Gini >
3σ), N(1209 n(39) T(31).
Quelle: Eigene Berechnung und Darstellung.

Soziale Probleme

Die vorliegende Arbeit verhandelt fünf soziale Probleme, welche im Folgenden operationalisiert werden: Gewalt, die Zahl der Gefängnisstrafen, Teenagerschwangerschaften, schulische Leistung von Kindern und Wahlbeteiligung. Das Ausmaß an **Gewalt** wurde über den World Bank Entwicklungsindikator *intentional homicides (per 100.000 people)* erfasst (World Bank, 2021c). Diese von hier an als Mordrate bezeichnete Variable beziffert eine geschätzte Anzahl rechtswidriger und vorsätzlicher Tötungen pro 100.000 Personen, z. B. als Folge von häuslichen Streitigkeiten, zwischenmenschlicher Gewalt, Bandenkriminalität oder räuberischer Gewalt. Länder, die durch das weiter unten beschriebene Interpolationsverfahren im Jahr 2020 eine Mordrate von 0 aufzeigen, sind Kroatien, Neuseeland, Trinidad und Tobago sowie Slowenien. Eine Übersicht über die tatsächlichen und interpolierten Datenpunkte befindet sich in Anhang 6 im elektronischen Zusatzmaterial. Abbildung 3.6 zeigt die Verteilung der Mordrate innerhalb des Ländersets im Jahr 2020 sowie ihre relative Entwicklung gegenüber dem Jahr 1990.

Die Abbildung zeigt, dass die Mordrate im Jahr 2020 gegenüber 1990 in elf von 40 Ländern zugenommen und in 29 von 40 Ländern abgenommen hat. Die Länder mit den höchsten Mordraten im Jahr 2020 sind Trinidad und Tobago, Uruguay, Chile und Lettland; die Länder mit den niedrigsten Japan, Niederlande, Singapur und Luxemburg.

Die Zahl der Gefängnisstrafen wurde über die Inhaftierungsrate erfasst. Diese beziffert die Anzahl von Inhaftierten pro 100.000 Personen und wurde der *World Prison Brief Database* entnommen (World Prison Brief, 2022). Diese Daten liegen für jedes Land im Untersuchungszeitraum im zwei- bzw. dreijährigem Rhythmus vor. Im Mittel besitzen die ausgewählten Länder zwölf relativ gleichmäßig verteilte Datenpunkte zwischen 1990 und 2020. Abbildung 3.7 zeigt die Verteilung der Inhaftierungsrate innerhalb des Ländersets im Jahr 2020 sowie ihre relative Entwicklung gegenüber dem Jahr 1990. Sie stellt dar, dass die Inhaftierungsrate 2020 in 32 von 40 Ländern im Vergleich zu 1990 angestiegen ist und in acht Ländern gesunken ist.

Die vier Länder mit der höchsten Inhaftierungsrate im Jahr 2020 sind die USA, Uruguay, Trinidad und Tobago und Litauen; die mit der geringsten Inhaftierungsrate Island, Japan, Finnland und Norwegen. Estland, Lettland und Hong Kong konnten ihre Inhaftierungsraten im Vergleich zu 1990 stark senken. In den USA, Uruguay, der Slowakei und Tschechien stiegen die Inhaftierungsraten erheblich an.

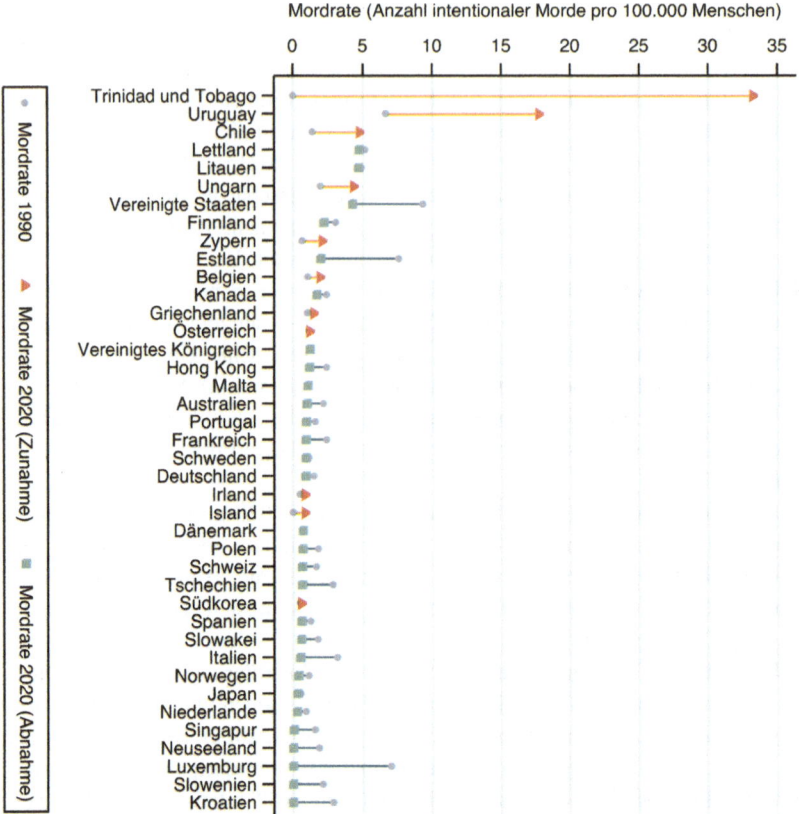

Abbildung 3.6 Verteilung und Entwicklung der Mordraten der 40 wohlhabenden Länder 1990/ 2020. (Quelle: World Bank (2021c), eigene Berechnung und Darstellung)

Das soziale Problem der **Teenagerschwangerschaften** wurde über die Geburtenrate bei Jugendlichen erfasst, gemessen an den Geburten pro 1.000 Frauen im Alter von 15 bis 19 Jahren und bereitgestellt durch die World Bank (World Bank, 2021a). Die Länderdaten sind im Untersuchungszeitraum weitgehend vollständig vorhanden.

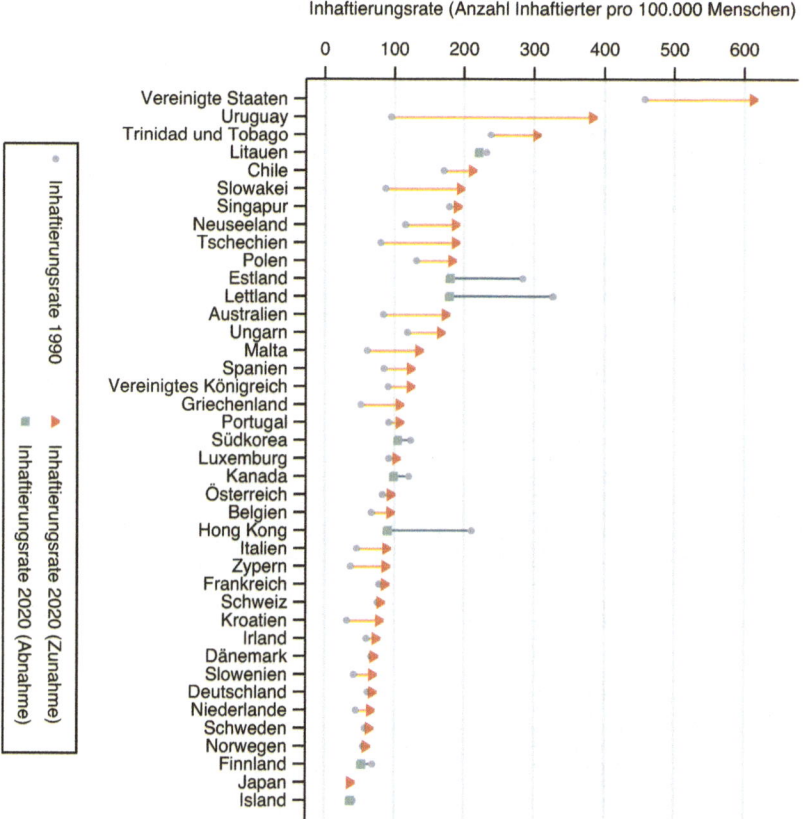

Abbildung 3.7 Verteilung und Entwicklung der Inhaftierungsraten der 40 wohlhabenden Länder 1990/ 2020. (Quelle: World Prison Brief Database (2022), eigene Darstellung)

Abbildung 3.8 zeigt die Verteilung der Teenagerschwangerschaftsrate innerhalb des Ländersets im Jahr 2020 sowie ihre relative Entwicklung gegenüber dem Jahr 1990. Aus ihr geht hervor, dass die Teenagerschwangerschaftsrate in allen wohlhabenden Ländern im Untersuchungszeitraum gesunken ist. Die vier Länder mit der höchsten Teenagerschwangerschaftsrate sind Uruguay, Chile, Trinidad und Tobago und die Slowakei; die vier Länder mit der geringsten Singapur, Hong Kong, die Schweiz und Südkorea. Länder, welche die Teenagerschwangerschaftsrate im Untersuchungszeitraum erheblich senken konnten, sind unter

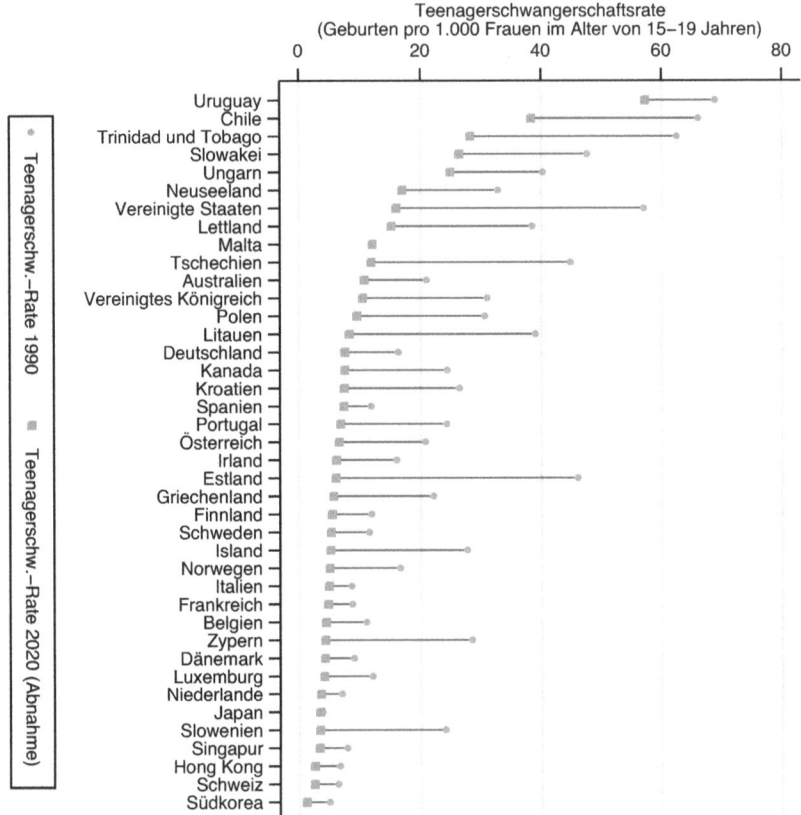

Abbildung 3.8 Verteilung und Entwicklung der Teenagerschwangerschaftsraten der 40 wohlhabenden Länder 1990/ 2020. (Quelle: World Bank (2021a), eigene Berechnung und Darstellung)

anderem die USA, Trinidad und Tobago, Estland, Litauen und Tschechien. Aufgrund der großen Länderunterschiede wurde die Teenagerschwangerschaftsrate für statistische Berechnungen logarithmiert.

Schulische Leistungen werden über die mittlere Lesekompetenz der Schüler*innen innerhalb der Länderstichprobe erfasst. Diese wird im Rahmen der *PISA-Studie* durch die OECD erhoben und beziffert den Ländermittelwert der in Punkten gemessenen Lesekompetenz (OECD, 2022). Die PISA-Erhebung der

Lesekompetenz findet seit dem Jahr 2000 in einem dreijährigen Rhythmus statt. Die neusten verfügbaren Daten stammen aus dem Jahr 2018. Aufgrund der mangelnden Datenverfügbarkeit wird der Untersuchungszeitraum für die schulischen Leistungen auf die Jahre 2000 bis 2020 verkürzt.

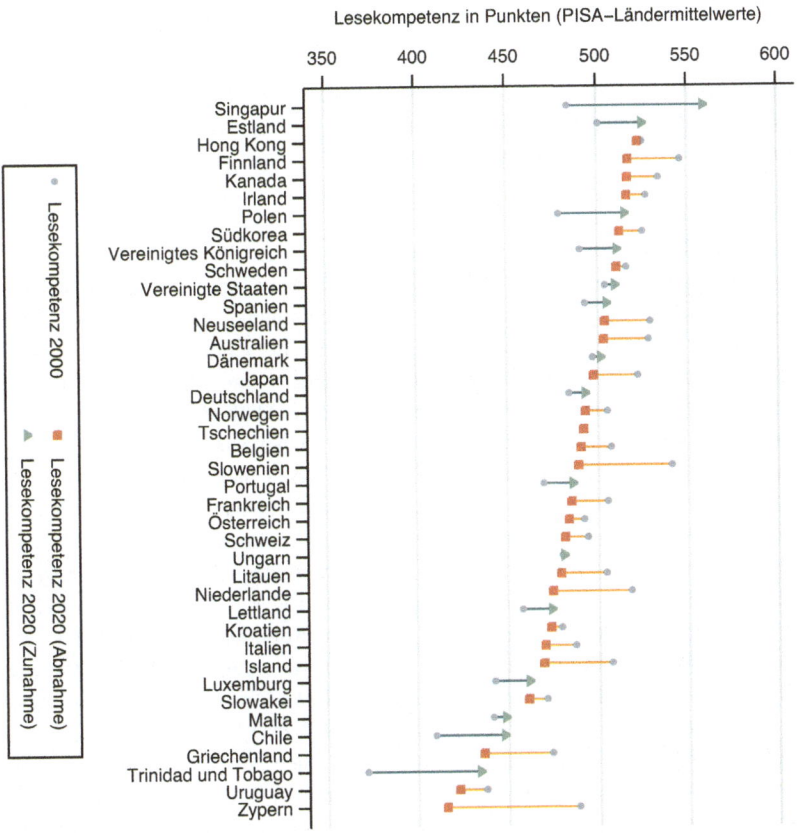

Abbildung 3.9 Verteilung und Entwicklung der PISA-Lesekompetenz der 40 wohlhabenden Länder 2000/ 2020. (Quelle: OECD (2022), eigene Berechnung und Darstellung)

Abbildung 3.9 zeigt die Verteilung der mittleren Lesekompetenz innerhalb des Ländersets im Jahr 2020 sowie ihre relative Entwicklung gegenüber dem Jahr

2000. Aus ihr geht hervor, dass die Lesekompetenz im Jahr 2020 innerhalb des Ländersets gegenüber 1990 in 25 von 40 Ländern abgenommen und in 15 von 40 Ländern zugenommen hat. Die vier Länder mit der höchsten Lesekompetenz sind Singapur, Estland, Hong Kong und Finnland. Die vier Länder mit der niedrigsten Lesekompetenz sind Griechenland, Trinidad und Tobago, Uruguay und Zypern. Länder, welche eine starke Verbesserung der Lesekompetenz aufweisen, sind Singapur und Trinidad und Tobago. Eine starke Verschlechterung weisen Slowenien und Zypern auf. Die Lesekompetenz wurde sowohl aus theoretischen Überlegungen als auch aus Gründen der Datenverfügbarkeit als alleiniger Proxy für die schulischen Leistungen ausgewählt. Außerdem werden mathematische Kompetenzen erst seit 2003 und naturwissenschaftliche Kompetenzen erst seit 2006 im dreijährigen Rhythmus erhoben, wodurch der Untersuchungszeitraum um weitere Jahre verringert werden hätte müssen.

Die **Wahlbeteiligung** wurde direkt in Prozent aus der *Voter Turnout Database* bezogen (International IDEA, 2022). Bei der erfassten Wahlbeteiligung handelt es sich um den prozentualen Anteil der Wahlberechtigten, welche bei den höchsten nationalen Parlamentswahlen von ihrem Wahlrecht Gebrauch gemacht haben. Die Daten wurden zwischen 1990 und 2020 erfasst und für die statistischen Berechnungen nach der weiter unten beschriebenen Methode linear interpoliert (Anhang 10 im elektronischen Zusatzmaterial). Dabei wurden Daten von Parlamentswahlen, welche 1989 oder 2021 stattgefunden haben in die Jahre 1990 bzw. 2020 verschoben und somit für die Analyse nutzbar gemacht. Im Mittel wurden 8,6 Wahlen pro Land im Untersuchungszeitraum erfasst. Darüber hinaus wurde in einer Dummy-Variable festgehalten, in welchen Ländern eine gesetzliche Wahlpflicht existiert. Dadurch können mögliche Einflüsse der Wahlpflicht auf die Analyseergebnisse berücksichtigt werden. Abbildung 3.10 zeigt die Verteilung der Wahlbeteiligung innerhalb der Länderauswahl im Jahr 2020 sowie ihre relative Entwicklung gegenüber dem Jahr 1990. Aus ihr geht hervor, dass die Wahlbeteiligung im Jahr 2020 gegenüber 1990 in 32 der 40 wohlhabenden Länder gesunken ist. Nur acht Länder konnten einen Anstieg verzeichnen. Die vier Länder mit der höchsten Wahlbeteiligung im Jahr 2020 sind Singapur, Australien, Malta und Uruguay. Die vier Länder mit der geringsten Wahlbeteiligung sind Chile, die Schweiz, Frankreich und Hong Kong. Die neun Länder, in denen es eine Wahlpflicht gibt, sind Australien, Belgien, Chile, Zypern, Griechenland, Italien, Luxemburg, Singapur und Uruguay. Chile (2011) und Italien (1994) haben im Untersuchungszeitraum die Wahlpflicht abgeschafft.

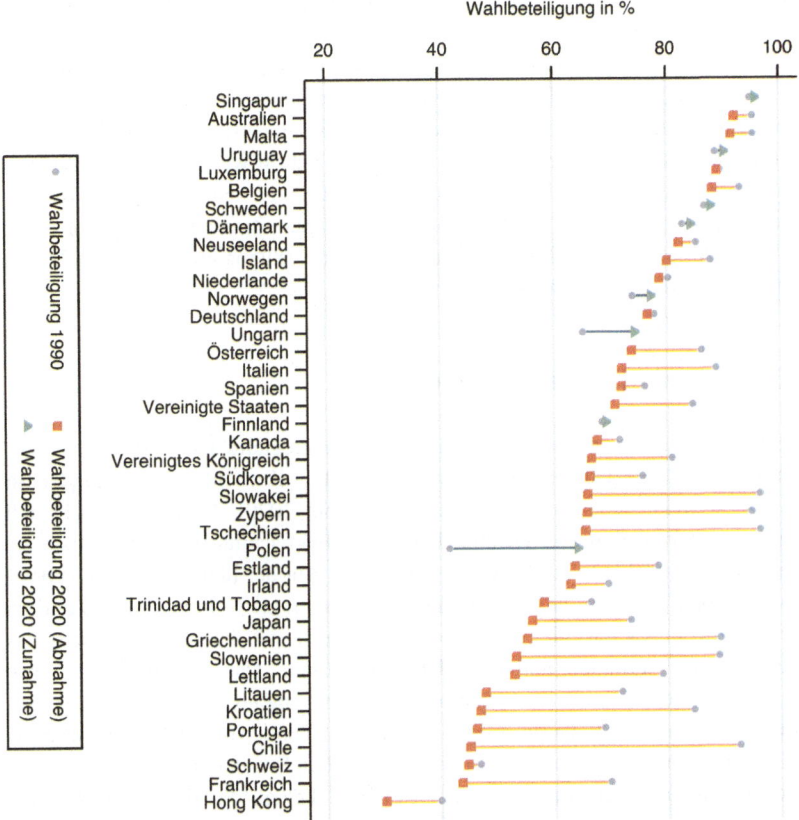

Abbildung 3.10 Verteilung und Entwicklung der Wahlbeteiligung der 40 wohlhabenden Länder 1990/ 2020. (Quelle: International IDEA (2022), eigene Berechnung und Darstellung)

Lineare Interpolation von Datenlücken

Alle lückenhafte Beobachtungen der abhängigen und unabhängigen Variablen im Untersuchungszeitraum wurden interpoliert. Um möglichst realitätsnahe Schätzungen auch bei größeren Lücken zu erhalten, wurde ein dreischrittiges Verfahren angewendet. Im ersten Schritt wurden alle verwendeten Variablen entlang der Jahresvariable linear interpoliert. Im zweiten Schritt wurden alle verwendeten

Variablen entlang der länderspezifischen Ausprägungen des *Human Development Index* (HDI) über den Untersuchungszeitraum hinweg interpoliert. Der HDI eignet sich als Interpolationsvariable, da dieser als Entwicklungsindikator die untersuchten Länder in ein lebensweltliches Verhältnis zueinander setzt, keinen großen Schwankungen unterliegt und für das gesamte Länderset im gesamten Untersuchungszeitraum verfügbar ist. Im dritten Schritt wurden Mittelwerte zwischen den beiden Interpolationsverfahren gebildet, mit denen im Anschluss die Datenlücken geschlossen wurden. Im elektronischen Zusatzmaterial (Anhang 1 bis 10) befinden sich grafische Übersichten der verfügbaren und interpolierten Datenpunkte für jede verwendete Variable.

3.3   Analytisches Vorgehen

Die Grundlage der empirischen Analyse sind aggregierte Länderdaten aus sieben verschiedenen Datenbanken bzw. -sätzen für 40 wohlhabende Länder zu jeweils 31 verschiedenen Zeitpunkten (1990 bis 2020). Daraus ergeben sich nach der Interpolation von Datenlücken 1.240 Beobachtungen, welche für eine analytische Betrachtung zur Verfügung stehen.[2,3] Auf der Individualebene gemessen Variablen wurden auf die Länderebene aggregiert, indem den Ländern der Mittelwert der jeweiligen Beobachtung zugewiesen wurde. Das betrifft das interpersonale Vertrauen und die Materialismusrate. Datenlücken wurden mit Hilfe des beschriebenen Interpolationsverfahrens entlang der länderbezogenen Jahreszahlen und HDI-Werte aufgefüllt. Anschließend wurden Länderwerte als Ausreißer identifiziert, welche außerhalb von drei Standardabweichungen vom Stichprobenmittelwert der jeweiligen Variablen liegen. Tabelle 3.3 gibt einen Überblick über die als statistisch problematisch und unproblematisch identifizierten Ausreißer. Ein Beispiel für statistisch problematische Ausreißer sind die 22 Gini-Koeffizienten außerhalb von drei Standardabweichungen des Stichprobenmittelwerts in Chile. Von 31 möglichen Datenpunkten im Untersuchungszeitraum von 1990 bis 2020 weist Chile damit 22 Ausreißer auf. Die identifizierten Ausreißer weichen maximal 3,5 Standardabweichungen vom Stichprobenmittelwert ab.

---

[2] Aufgrund fehlender Daten der ethnischen Fraktionalisierung (HIEF) von fünf Ländern, beläuft sich die Fallzahl bei ihrer analytischen Betrachtung auf 1.085 Beobachtungen (35 Länder × 31 Zeitpunkte).

[3] Für die Untersuchung der ökonomischen und kulturellen Einflussfaktoren auf die Lesekompetenz (PISA) wird der Untersuchungszeitraum um zehn Jahre verkürzt (2000–2020). Damit verringert sich die Anzahl der Beobachtungen auf 840.

Darüber hinaus weist Chile problematische Ausreißer bei der Teenagerschwangerschaftsrate auf. Um den Einfluss der Ausreißer zu berücksichtigen, wurden alle statistischen Berechnungen im ersten Schritt für die gesamte Stichprobe durchgeführt und im zweiten Schritt noch einmal unter Ausschluss der Länder, in denen statistisch problematische Ausreißer identifiziert wurden. Als statistisch unproblematisch werden solche Ausreißer beschrieben, die durch ihre geringe Anzahl (<5/31) und Höhe einen Ausschluss eines ganzen Landes aus der Untersuchung nicht rechtfertigen. So weist Zypern z. B. in vier von 31 Jahren Ausreißer bei der Materialismusrate mit einer maximalen Abweichung von 4,1 Standardabweichungen auf, Litauen nur einen mit einer maximalen Abweichung von 3,1. Durch die Klassifikation als statistisch unproblematische Ausreißer werden diese Länder bei der Kontrolle auf Ausreißer nicht ausgeschlossen. Weitere problematische Ausreißer wurden in Estland und Trinidad und Tobago in Bezug auf die Mordrate identifiziert, in Uruguay bei der Teenagerschwangerschaftsrate, in den USA bei der Inhaftierungsrate und in Trinidad und Tobago bei der Leekompetenz. Darüber hinaus zeigt die Tabelle die fünf Länder, für welche die Daten zur Messung der ethnischen Fraktionalisierung fehlen (Frankreich, Hong Kong, Island, Luxemburg und Malta). Zugleich stellt sie dar, dass das logarithmierte GDP, Vertrauen, die logarithmierte Materialismusrate sowie die Wahlbeteiligung keine problematischen Ausreißer aufweisen. Abschließend kann der Tabelle entnommen werden, dass nur eines der 22 von Wilkinson und Pickett (2016 [2010]) ausgewählten Länder (USA) gegenüber sieben der 18 hinzugefügten Länder Ausreißer aufweisen (Chile, Zypern, Estland, Lettland, Litauen, Trinidad und Tobago, Uruguay). Außerdem zeigt die Tabelle die fünf Länder mit fehlenden Daten zur Operationalisierung ihrer ethnischen Fraktionalisierung (Frankreich, Hong Kong, Island, Luxemburg, Malta).

Die Datenanalyse besteht aus drei Teilen. Im ersten Teil wird der Zusammenhang zwischen den ökonomischen bzw. kulturellen Faktoren und den sozialen Problemen untersucht. Dafür werden für jedes soziale Problem einzelne Pearson-Korrelationen für jedes Jahr im Untersuchungszeitraum berechnet; im ersten Schritt für das gesamte Länderset, im zweiten Schritt für das bereinigte. So kann direkt geprüft werden, welchen Einfluss die Ausreißer auf die berechneten Korrelationen besitzen.

Im zweiten Teil der Analyse werden Querschnittseffekte der ökonomischen und kulturellen Einflussfaktoren auf jedes soziale Problem in sechs gestuften gepoolten linearen OLS-Regressionsmodellen geschätzt. Im ersten Modell wird der Einfluss der Einkommensungleichheit im Zeitraum von 1990 bis 2020 geschätzt, im zweiten Modell der Einfluss des Wohlstands. Im dritten Modell werden Einkommensungleichheit und Wohlstand gleichzeitig aufgenommen. Im

Tabelle 3.3 Übersicht statistisch problematischer und unproblematischer Ausreißer sowie fehlender Daten

	GDP	Gini	Vertrauen	Materialismus-rate	HIEF	Mordrate	Teenager-schwangers.	Inhaftierungs-rate	Wahl-beteiligung	Lese-kompetenz
Chile		**22x >3σ (3,5)**					**10x >3σ (3,3)**			
Zypern				*4x >3σ (4,1)*						
Estland						**9x >3σ (4,1)**				
Frankreich					*NO DATA*					
Hong Kong					*NO DATA*					
Island					*NO DATA*					
Lettland						*1x >3σ (3,1)*				
Litauen				*1x >3σ (3,1)*		*1x >3σ (3,1)*				
Luxemburg					*NO DATA*					
Malta					*NO DATA*					

(Fortsetzung)

Tabelle 3.3 (Fortsetzung)

	GDP	Gini	Vertrauen	Materialismus-rate	HIEF	Mordrate	Teenager-schwangers.	Inhaftierungs-rate	Wahl-beteiligung	Lese-kompetenz
Trinidad und Tobago						**20x** **>3σ (6,0)**				**6x** **>3σ (3,6)**
USA						*1x* *>3σ (3,3)*		**31x** **>3σ (5,0)**		
Uruguay							**25x** **>3σ (4,3)**			

Anmerkung: **fett** = problematische Ausreißer, *kursiv* = unproblematische Ausreißer, „USA" = Länder der Auswahl Wilkinson und Picketts (2016 [2010]), „Chile" = hinzugefügte Länder, **22x >3σ (3,5)** = an 22 von 31 Zeitpunkten außerhalb von 3σ, höchste σ bei 3,5. Werte aller leeren Zellen und nicht aufgeführten Länder innerhalb von 3σ.
Quelle: Eigene Berechnung und Darstellung.

vierten, fünften und sechsten Modell werden jeweils zusätzlich die ethnische Fraktionalisierung, das soziale Vertrauen und die Materialismusrate in die Regressionsanalyse aufgenommen. Abbildung 3.11 zeigt die Regressionsgleichungen:

Modell 1: $[soziales\ Problem]_{ct} = a + b_1 Gini_{1ct} + b_2 Jahr_{2ct} + e_{ct}$

Modell 2: $[soziales\ Problem]_{ct} = a + b_1 GDP_{1ct} + b_2 Jahr_{2ct} + e_{ct}$

Modell 3: $[soziales\ Problem]_{ct} = a + b_1 Gini_{1ct} + b_2 GDP_{2ct} + b_3 Jahr_{3ct} + e_{ct}$

Modell 4: $[soziales\ Problem]_{ct} = a + b_1 Gini_{1ct} + b_2 GDP_{2ct} + b_3 ethnische\ Fraktionalisierung_{3ct} + b_4 Jahr_{4ct} + e_{ct}$

Modell 5: $[soziales\ Problem]_{ct} = a + b_1 Gini_{1ct} + b_2 GDP_{2ct} + b_3 Vertrauen_{3ct} + b_4 Jahr_{4ct} + e_{ct}$

Modell 6: $[soziales\ Problem]_{ct} = a + b_1 Gini_{1ct} + b_2 GDP_{2ct} + b_3 Materialismus_{3ct} + b_4 Jahr_{4ct} + e_{ct}$

Anmerkung: Die Variablen GDP, Materialismusrate und Teenagerschwangerschaften werden logarithmiert in das Modell aufgenommen. c = Land, t = Jahr.

Abbildung 3.11 Regressionsgleichungen der gepoolten linearen OLS-Regressionsmodelle in sechs Stufen. (Quelle: Eigene Darstellung)

Dieses Stufenmodell wird für jedes der fünf sozialen Probleme zuerst für die gesamte Stichprobe geschätzt und anschließend unter Ausschluss der problematischen Ausreißer. Die gepoolte lineare OLS-Regressionsmodellierung ermöglicht es, die ökonomischen und kulturellen Einflussfaktoren gleichzeitig zu schätzen und für Jahreseffekte zu kontrollieren. Die Kontrolle erfolgt durch die Aufnahme der Zeitvariable (*Jahr*) in die Regressionsgleichung. Bei der Berechnung der Koeffizienten wird berücksichtigt, dass die Beobachtungen in Ländern geclustert sind. Dadurch wird festgelegt, dass die Beobachtungen innerhalb der Länder korreliert sein können, zwischen den Ländern aber unabhängig sind. Durch dieses Vorgehen wird eine Autokorrelation der Beobachtungen vermieden. Im Gegensatz zu den Pearson-Korrelationen ermöglicht dieser Analyseschritt eine Berechnung der Regressionskoeffizienten im Querschnitt über den gesamten Untersuchungszeitraum, anstatt immer nur einen Koeffizienten für einen Zeitpunkt zu schätzen.

Im dritten Teil der Analyse werden Längsschnitteffekte der ökonomischen und kulturellen Einflussfaktoren auf jedes der fünf sozialen Probleme in sechs gestuften Fixed Effects Regressionsmodellen geschätzt. Der Aufbau der Modelle entspricht dabei dem der gepoolten OLS-Modelle. Die Längsschnittmodelle werden zuerst für die gesamte Stichprobe berechnet und anschließend noch einmal unter Ausschluss der identifizierten Ausreißer. Durch die Two-Way Fixed Effects Modellierungen (TWFE) werden die Effekte der ökonomischen und kulturellen

Faktoren auf die sozialen Probleme im Zeitverlauf sowohl zwischen den Ländern (*between-Effekte*) als auch innerhalb der Länder (*within-Effekte*) geschätzt (Allison, 2005). Am Beispiel des ersten TWFE-Modells für die Mordrate gibt der geschätzte Regressionskoeffizient somit an, ob eine höhere Einkommensungleichheit mit einer höheren Mordrate in einem bestimmten Land assoziiert ist (*between-Effekt*) und ob ein Anstieg der Einkommensungleichheit über die Zeit im Mittel mit einem Anstieg oder einer Verringerung der Mordrate einhergeht (*within-effekt*). Das Besondere an TWFE-Modellierungen ist die Kontrolle der Koeffizienten auf zeitkonstante Einflussfaktoren und unbeobachtbare Heterogenität der Länder unabhängig davon, ob diese gemessen wurden. Zeitkonstante Einflussfaktoren sind Merkmale, welche sich im Lauf der Zeit nicht ändern. Dazu zählen z. B. kulturelle Charakteristika oder religiöse Traditionslinien. Um Autokorrelation vorzubeugen, wurde die Zeitvariable (*Jahr*) in die TWFE-Regressionsgleichung aufgenommen und robuste Standardfehler geschätzt (Kezdi, 2003).

Im zweiten und dritten Analyseteil werden vier Signifikanzniveaus angegeben: $^\dagger p < 0{,}10$, $^* p < 0{,}05$, $^{**} p < 0{,}01$ und $^{***} p < 0{,}001$. Die unabhängigen Variablen sind in allen drei Analyseteilen zeitlich um ein Jahr gelaggt. Dieses Vorgehen basiert auf der Annahme, dass sich eine Veränderung der ökonomischen und kulturellen Bedingungen nicht direkt, sondern mit etwas Verzögerung auf die sozialen Probleme auswirkt. Das bedeutet für das analytische Vorgehen, dass die Ausprägung eines sozialen Problems (z. B. die Mordrate 1991) immer mit den ökonomischen bzw. kulturellen Faktoren aus dem Vorjahr (z. B. Gini 1990) korreliert bzw. regressiert wird. Die Datenpunkte der ökonomischen und kulturellen Faktoren reichen somit von 1990 bis 2019, die der sozialen Probleme von 1991 bis 2020. Damit verkürzt sich der Untersuchungszeitraum von 31 auf 30 Jahre und die Anzahl der Beobachtungen von 1.240 auf 1.200.[4] Im Kontext der Schätzung der Querschnittseffekte auf das soziale Problem der Wahlbeteiligung erfolgt eine zusätzliche Kontrolle auf den möglichen Einfluss der Wahlpflicht (Dummy-Variable).

---

[4] Es erfolgt keine Verringerung der Fallzahl bei der Schätzung der ökonomischen und kulturellen Effekte auf die Lesekompetenz (PISA). Die Datenpunkte der ökonomischen und kulturellen Faktoren reichen hier von 1999 bis 2019, die der Lesekompetenz (PISA) von 2000 bis 2020.

Ergebnispräsentation 4

4.1 Gewalt

Im ersten Teil der Analyse wurden Pearson-Korrelationen zwischen den fünf Einflussfaktoren (Einkommensungleichheit, Wohlstand, ethnische Fraktionalisierung, Vertrauen, Materialismusrate) und der Mordrate als Proxy für das Ausmaß von Gewalt in reichen Ländern geschätzt. Abbildungen 4.1 bis 4.3 zeigen die entsprechenden Ergebnisse für das gesamte und bereinigte Länderset. Der Vergleich zwischen den Ländersets zeigt, dass der Ausschluss von Ausreißen die Zusammenhänge in ihrer Höhe und Signifikanz durchaus beeinflusst. Daher werden nachfolgend nur die Ergebnisse für das bereinigte Länderset berichtet. Aus Abbildung 4.1 ist ersichtlich, dass die Einkommensungleichheit seit 2002 mittelstark und positiv mit der Mordrate assoziiert ist ($r_{min\,(2020)} = 0{,}327^{*}$; $r_{max\,(2009)} = 0{,}466^{**}$). Wohlstand ist dagegen an allen 30 Zeitpunkten mittelstark bis stark negativ mit der Mordrate assoziiert ($r_{min\,(2016)} = -0{,}358^{*}$; $r_{max\,(1997)} = -0{,}618^{***}$).

Des Weiteren veranschaulicht Abbildung 4.2 für das bereinigte Länderset, dass die ethnische Fraktionalisierung zwischen 1992 und 2004 mittelstark positiv mit der Mordrate assoziiert ist ($r_{min\,(2004)} = 0{,}355^{*}$; $r_{max\,(1993)} = 0{,}425^{*}$).

Schließlich zeigen die in Abbildung 4.3 dargestellten Korrelationen, dass Vertrauen an lediglich fünf Zeitpunkten mittelstark negativ mit der Mordrate assoziiert ist ($r_{min\,(2012)} = -0{,}328^{*}$; $r_{max\,(2020)} = -0{,}379^{*}$) und dass die Materialismusrate an nur zwei Zeitpunkten mittelstark positiv mit der Mordrate zusammenhängt ($r_{min\,(1994)} = 0{,}322^{*}$; $r_{max\,(1995)} = 0{,}365^{*}$).s

© Der/die Autor(en) 2023
M. Gercke, *Trends und Determinanten sozialer Probleme in reichen Ländern*,
BestMasters, https://doi.org/10.1007/978-3-658-39865-1_4

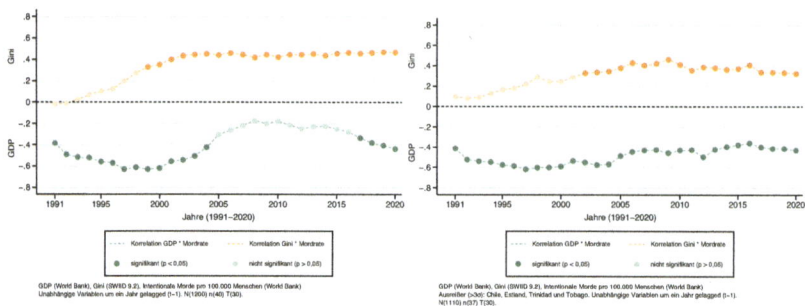

Abbildung 4.1 Korrelationen von Gini/ GDP und der Mordrate zwischen 1991 und 2020 für das gesamte (links) und bereinigte Länderset (rechts). (Quelle: World Bank (2021b), World Bank (2021c), SWIID 9.2 (Solt, 2020), eigene Darstellung)

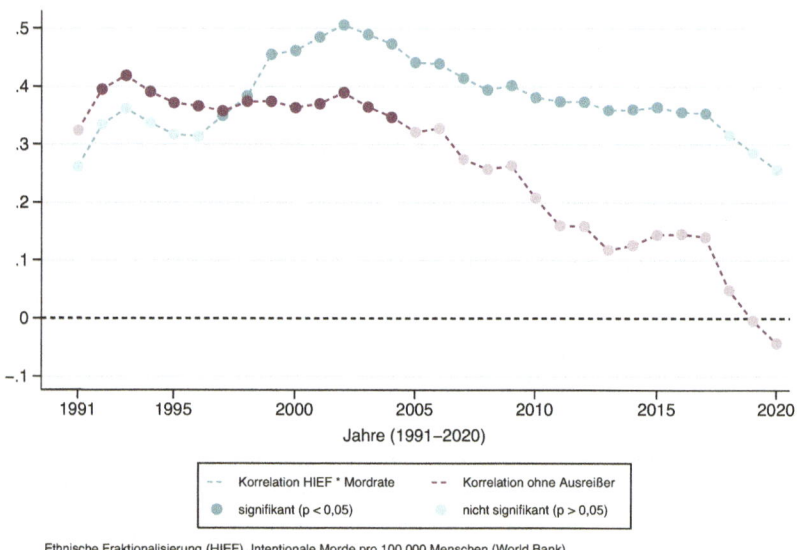

Abbildung 4.2 Korrelationen von ethnischer Fraktionalisierung (HIEF) und Mordrate zwischen 1991 und 2020 für das gesamte (blau) und bereinigte Länderset (lila). (Quelle: HIEF (Dražanová, 2020), World Bank (2021c), eigene Darstellung)

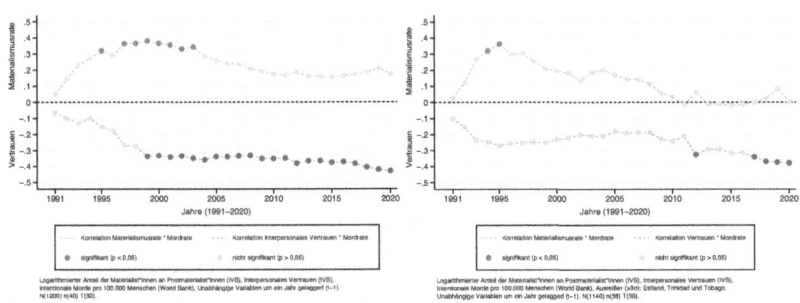

Abbildung 4.3 Korrelationen von Materialismusrate/ Vertrauen und der Mordrate zwischen 1991 und 2020 für das gesamte (links) und bereinigte Länderset (rechts). (Quelle: EVS (2021), Haerpfer et al. (2021), World Bank (2021c), eigene Darstellung)

Im zweiten Teil der Analyse wurden die Querschnittseffekte der fünf Einflussfaktoren auf die Mordrate geschätzt. Tabelle 4.1 präsentiert die Ergebnisse für das bereinigte Länderset. Aus ihnen geht hervor, dass eine höhere Einkommensungleichheit sowohl einzeln als auch unter Kontrolle der Kovariaten einen verstärkenden Effekt auf die Mordrate, ganz wie von Wilkinson und Pickett vermutet, besitzt (Modelle 1, 3 bis 6).

Entgegen der Annahme von Wilkinson und Pickett zeigen die Ergebnisse, dass ein höherer Wohlstand über alle Regressionsmodelle hinweg mit einer geringeren Mordrate einhergeht (Modelle 2 bis 6). Ein Blick auf das korrigierte R^2 verrät, dass Wohlstand einen deutlich höheren Anteil der Varianz der Mordrate erklärt (26,6 %) als die Einkommensungleichheit (9,9 %). Darüber hinaus zeigt Modell 4, dass ethnisch heterogenere Länder im Mittel durch eine höhere Mordrate charakterisiert sind. Sowohl das Vertrauen als auch die Materialismusrate weisen keinen signifikanten Einfluss auf die Mordrate auf.

Im dritten Teil der Analyse wurden die Längsschnitteffekte der fünf Einflussfaktoren auf die mittlere Mordrate des bereinigten Ländersets geschätzt. Tabelle 4.2 zeigt die Ergebnisse. Es stellt sich in allen Modellen heraus, dass ein Anstieg der Einkommensungleichheit über die Zeit im Mittel mit einer sinkenden Mordrate einhergeht (Modelle 1 bis 6). Dieser Effekt konterkariert den in der *Spirit Level Theory* angenommenen und durch die Querschnittsanalyse bestätigten negativen Zusammenhang zwischen den beiden Größen.

Tabelle 4.1 Gepoolte OLS der ökonomischen und kulturellen Einflussfaktoren auf die Mordrate für das bereinigte Länderset

	Modell 1		Modell 2		Modell 3		Modell 4		Modell 5		Modell 6	
	b	se	b	se	b	se	b	se	b	se	b	se
Gini	0,132†	(0,077)			0,126*	(0,060)	0,140*	(0,062)	0,143*	(0,065)	0,129*	(0,059)
Log GDP			-2,541*	(0,984)	-2,511**	(0,879)	-2,820**	(0,834)	-2,801**	(0,980)	-2,733**	(0,860)
HIEF[1]							2,794†	(1,487)				
Vertrauen									1,615	(1,389)		
Log Materialismus											-0,200	(0,186)
Jahr	-0,051**	(0,016)	0,071	(0,045)	0,062	(0,040)	0,065	(0,041)	0,07	(0,042)	0,073	(0,040)
Beobachtungen	1110		1110		1110		960		1110		1110	
Länder	37		37		37		32		37		37	
Jahre	30		30		30		30		30		30	
F-Statistik	5,398		9,835		6,505		6,541		5,343		7,037	
Korr.-R²	0,099		0,266		0,333		0,416		0,343		0,341	

Anmerkungen: † $p < 0,10$, * $p < 0,05$, ** $p < 0,01$ und *** $p < 0,001$. [1]Fehlende HIEF-Daten: Frankreich, Hong Kong, Island, Luxemburg, Malta. Ausreißer ($>3\sigma$): Chile, Estland, Trinidad und Tobago. Unabhängige Variablen um ein Jahr gelagged $(t-1)$.
Quelle: Eigene Berechnung und Darstellung.

Tabelle 4.2 TWFE-Regression der ökonomischen und kulturellen Einflussfaktoren auf die Mordrate für das bereinigte Länderset

	Modell 1		Modell 2		Modell 3		Modell 4		Modell 5		Modell 6	
	b	se	b	se	b	se	b	se	b	se	b	se
Gini	$-0{,}300^{*}$	(0,114)			$-0{,}250^{*}$	(0,105)	$-0{,}260^{\dagger}$	(0,128)	$-0{,}243^{*}$	(0,093)	$-0{,}252^{*}$	(0,103)
Log GDP			$-2{,}816^{*}$	(1,189)	$-2{,}258^{*}$	(0,961)	$-2{,}200^{*}$	(0,845)	$-2{,}258^{*}$	(0,974)	$-2{,}198^{*}$	(0,932)
HIEF[1]							1,758	(2,680)				
Vertrauen									$-2{,}239$	(2,362)		
Log Materialismus											0,119	(0,096)
Jahr	$-0{,}022^{\dagger}$	(0,012)	0,084	(0,047)	0,076	(0,039)	0,069	(0,038)	0,079	(0,040)	0,072	(0,038)
Beobachtungen	1110		1110		1110		960		1110		1110	
Länder	37		37		37		32		37		37	
Jahre	30		30		30		30		30		30	
F-Statistik	8,97		6,53		9,94		6,43		10,45		7,46	
R^2 gesamt	0,048		0,267		0,022		0,024		0,041		0,022	

Anmerkungen: † p < 0,10, * p < 0,05, ** p < 0,01 und *** p < 0,001, [1]Fehlende HIEF-Daten: Frankreich, Hong Kong, Island, Luxemburg, Malta. Ausreißer (>3σ): Chile, Estland, Trinidad und Tobago. Unabhängige Variablen um ein Jahr gelagged (t−1).
Quelle: Eigene Berechnung und Darstellung.

Zudem zeigt die Längsschnittanalyse im Kontrast zu Wilkinson und Picketts Argumentation, dass wachsender Wohlstand in reichen Ländern im Mittel nach wie vor mit sinkenden Mordraten zusammenhängt (Modelle 2 bis 6). Im Vergleich der bivariaten TWFE-Modelle erklärt Wohlstand mit 26,7 % außerdem einen deutlich höheren Anteil der Varianz der Mordrate als die Einkommensungleichheit mit nur 4,8 % (Modell 1 vs. 2), was die Rolle der Wohlstandsveränderung verdeutlicht. Generell stellt sich heraus, dass die Varianz im Querschnitt besser erklärt werden kann als im Längsschnitt. Ethnische Fraktionalisierung, Vertrauen und die Materialismusrate haben im Längsschnitt keinen signifikanten Einfluss auf die Mordrate (Modelle 4 bis 6). Der Querschnittseffekt der ethnischen Fraktionalisierung kann entsprechend im Längsschnitt nicht bestätigt werden.

4.2 Inhaftierungen

Mittels ökologischer Pearson-Korrelationen wurden im ersten Analyseteil die Zusammenhänge zwischen den fünf Einflussfaktoren und der Inhaftierungsrate geschätzt. Abbildung 4.4 bis 4.6 zeigen die Ergebnisse im Vergleich zwischen dem gesamten und bereinigten Länderset. Dieser dokumentiert, dass der Ausschluss von Ausreißern die Korrelationskoeffizienten in ihrer Höhe und Signifikanz durchaus erheblich beeinflusst. Entsprechend werden im Folgenden nur die Ergebnisse für das bereinigte Länderset berichtet. In Abbildung 4.4 wird deutlich, dass die Einkommensungleichheit über den gesamten Untersuchungszeitraum hinweg mittelstark bis stark positiv mit der Inhaftierungsrate assoziiert ist ($r_{min\,(1991)} = 0{,}322^{*}$; $r_{max\,(2005)} = 0{,}648^{***}$). Indessen hängt Wohlstand über den dreißigjährigen Zeitraum hinweg mittelstark bis stark negativ mit der Inhaftierungsrate zusammen ($r_{min\,(1995)} = -0{,}396^{**}$; $r_{max\,(2010)} = -0{,}516^{***}$).

Des Weiteren veranschaulicht Abbildung 4.5 für das bereinigte Länderset, dass auch die ethnische Fraktionalisierung zwischen 1991 und 2014 stark bis mittelstark positiv mit der Inhaftierungsrate assoziiert ist ($r_{min\,(2014)} = 0{,}342^{*}$; $r_{max\,(1991)} = 0{,}544^{***}$).

Schließlich zeigen die Korrelationskoeffizienten in Abbildung 4.6, dass Vertrauen und Inhaftierungen konstant negativ auf mittelstarkem bis starkem Niveau assoziiert sind ($r_{min\,(2006)} = -0{,}393^{*}$; $r_{max\,(2020)} = -0{,}547^{***}$) und dass die Materialismusrate mit der Inhaftierungsrate zwischen 1994 und 2018 mittelstark positiv zusammenhängt ($r_{min\,(2004)} = 0{,}320^{*}$; $r_{max\,(2002)} = 0{,}495^{**}$).

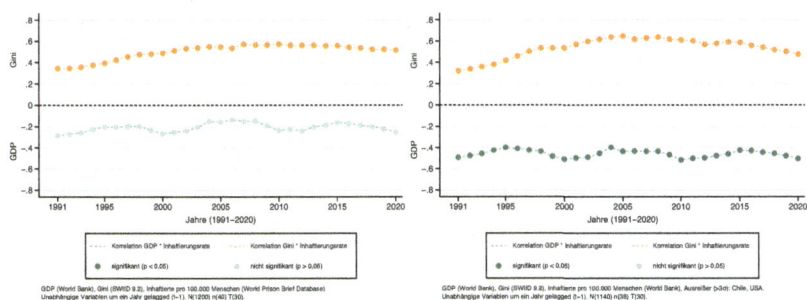

Abbildung 4.4 Korrelationen von Gini/ GDP und der Inhaftierungsrate zwischen 1991 und 2020 für das gesamte (links) und bereinigte Länderset (rechts). (Quelle: SWIID 9.2 (Solt, 2020), World Prison Brief Database (2022), World Bank (2021b), eigene Berechnung und Darstellung)

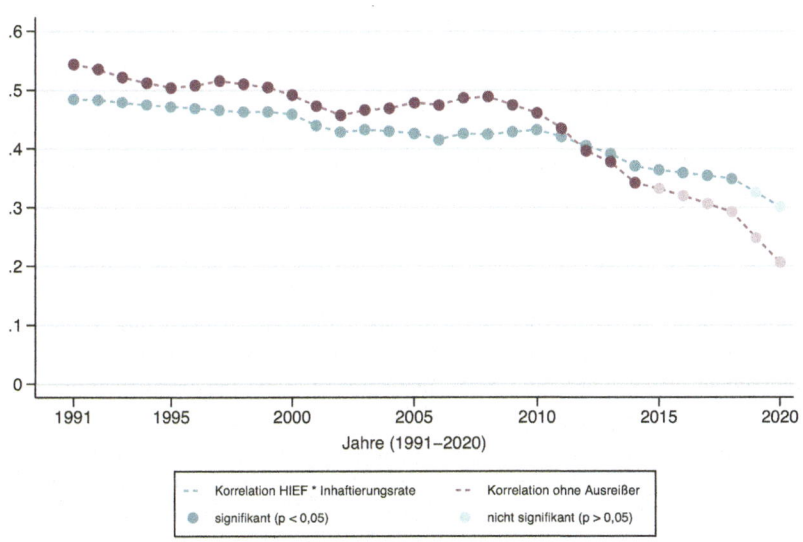

Abbildung 4.5 Korrelationen von ethnischer Fraktionalisierung (HIEF) und Inhaftierungsrate zwischen 1991 und 2020 für das gesamte (blau) und bereinigte Länderset (lila). (Quelle: EVS (2021), Haerpfer et al. (2021), World Bank 2021, eigene Berechnung und Darstellung)

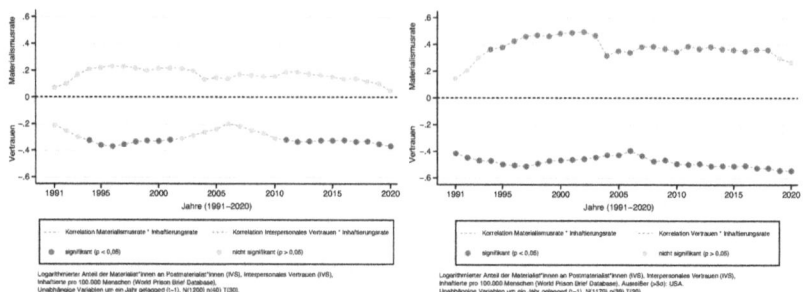

Abbildung 4.6 Korrelationen von Materialismusrate/ Vertrauen und der Inhaftierungsrate zwischen 1991 und 2020 für das gesamte (links) und bereinigte Länderset (rechts). (Quelle: EVS (2021), Haerpfer et al. (2021), World Prison Data Brief 2022, eigene Berechnung und Darstellung)

Im zweiten Teil der Analyse wurden die Querschnittseffekte der fünf Einflussfaktoren auf die Inhaftierungsrate geschätzt. Tabelle 4.3 präsentiert die Ergebnisse für das bereinigte Länderset. Sowohl die bivariaten als auch die multivariaten Analyseergebnisse zeigen, wie von Wilkinson und Pickett vermutet, dass Länder mit einer höheren Einkommensungleichheit im Mittel auch durch eine höhere Inhaftierungsrate charakterisiert sind (Modelle 1, 3 bis 6).

Entgegen der *Spirit Level Theory* geht außerdem höherer Wohlstand mit einer geringeren Inhaftierungsrate einher. Dieser negative Zusammenhang wird sowohl bivariat als auch multivariat geschätzt (Modelle 2, 3, 4, 6). Eine Ausnahme besteht unter der Kontrolle auf Einkommensungleichheit und Vertrauen (Modell 5). Der bivariate Vergleich des korrigierten R^2 weist darauf hin, dass Einkommensungleichheit mit 28 % eine größere Rolle bei der Erklärung der Varianz der Inhaftierungsrate spielt als Wohlstand mit 19,9 %. Darüber hinaus zeigt Modell 4, dass in ethnisch heterogeneren Ländern unabhängig von Einkommensungleichheit und Wohlstand mehr Menschen inhaftiert werden. Dieses Modell erklärt mit nur drei Variablen bemerkenswerterweise über 50 % der Variation der Inhaftierungsrate. Außerdem verrät das sechste Modell unter Kontrolle auf Einkommensungleichheit und Wohlstand, dass die Inhaftierungsrate in Ländern mit einem höheren Anteil an Menschen mit materialistischen Einstellungen höher ist (Modell 6). Das Vertrauenslevel steht dagegen in keinem signifikanten Zusammenhang mit der Inhaftierungsrate.

Im dritten Teil der Analyse wurden die Längsschnitteffekte der fünf Einflussfaktoren auf die mittlere Inhaftierungsrate des bereinigten Ländersets geschätzt.

Tabelle 4.3 Gepoolte OLS der ökonomischen und kulturellen Einflussfaktoren auf die Inhaftierungsrate für das bereinigte Länderset

	Modell 1		Modell 2		Modell 3		Modell 4		Modell 5		Modell 6	
	b	se	b	se	b	se	b	se	b	se	b	se
Gini	9,206***	(1,992)			8,247***	(2,286)	7,188**	(2,538)	7,540***	(2,058)	7,901***	(1,949)
Log GDP			−85,409*	(36,130)	−72,154*	(30,994)	−78,471*	(32,395)	−62,358	(37,875)	−58,316†	(31,645)
HIEF[1]							131,532**	(45,487)				
Vertrauen									−57,884	(67,087)		
Log Materialismus											12,282†	(6,817)
Jahr	−0,116	(0,607)	4,372*	(1,738)	3,254*	(1,534)	3,339	(1,764)	2,959	(1,679)	2,593	(1,617)
Beobachtungen	1140		1140		1140		990		1140		1140	
Länder	38		38		38		33		38		38	
Jahre	30		30		30		30		30		30	
F-Statistik	16,042		3,198		20,721		32,081		18,741		16,648	
Korr.-R²	0,28		0,199		0,418		0,52		0,426		0,44	

Anmerkungen: †p < 0,10, *p < 0,05, **p < 0,01 und ***p < 0,001. [1] Fehlende HIEF-Daten: Frankreich, Hong Kong, Island, Luxemburg, Malta. Ausreißer (>3σ): Chile, USA. Unabhängige Variablen um ein Jahr gelagged (t−1).
Quelle: Eigene Berechnung und Darstellung.

Tabelle 4.4 TWFE-Regression der ökonomischen und kulturellen Einflussfaktoren auf die Inhaftierungsrate für das bereinigte Länderset

	Modell 1		Modell 2		Modell 3		Modell 4		Modell 5		Modell 6	
	b	se	b	se	b	se	b	se	b	se	b	se
Gini	-1,577	(3,159)			-0,799	(3,034)	-0,51	(3,666)	-0,068	(2,222)	-0,99	(2,949)
Log GDP			-48,226†	(26,582)	-47,060†	(26,702)	-52,005*	(24,429)	-47,078†	(24,020)	-44,079†	(25,392)
HIEF[1]							10,883	(110,604)				
Vertrauen									-263,606***	(63,123)		
Log Materialismus											5,137	(3,295)
Jahr	0,55	(0,552)	2,666*	(1,086)	2,661*	(1,071)	2,911*	(1,284)	3,122**	(1,084)	2,516*	(0,992)
Beobachtungen	1140		1140		1140		990		1140		1140	
Länder	38		38		38		33		38		38	
Jahre	30		30		30		30		30		30	
F-Statistik	0,5		3,83		2,8		2,56		5,1		2,29	
R² gesamt	0,197		0,199		0,124		0,212		0,26		0,143	

Anmerkungen: † p < 0,10, * p < 0,05, ** p < 0,01 und *** p < 0,001, ¹Fehlende HIEF-Daten: Frankreich, Hong Kong, Island, Luxemburg, Malta. Ausreißer (>3σ): Chile, USA. Unabhängige Variablen um ein Jahr gelagged (t−1).
Quelle: Eigene Berechnung und Darstellung.

Die Ergebnisse in Tabelle 4.4 zeigen, dass eine Veränderung der Einkommensungleichheit über die Zeit im Mittel keinen signifikanten Einfluss auf die Inhaftierungsrate besitzt. Dagegen veranschaulicht die Längsschnittanalyse im weiteren Kontrast zur *Spirit Level Theory*, dass wachsender Wohlstand in reichen Ländern nach wie vor mit einer Verringerung der Inhaftierungsrate einhergeht.

Während der Querschnittseffekt der ethnischen Fraktionalisierung im Längsschnitt seine Signifikanz verliert, geht zunehmendes Vertrauen im Mittel mit weniger Inhaftierungen einher (Modell 5). Die Materialismusrate besitzt weiterhin keinen signifikanten Einfluss. Der Blick auf die Höhe der Bestimmtheitsmaße verrät, dass die Querschnittsmodelle die Varianz der Inhaftierungsrate deutlich besser erklären können als die Längsschnittmodelle.

4.3   Teenagerschwangerschaften

Im ersten Analyseteil wurden abermals ökologische Pearson-Korrelationen für den gesamten Untersuchungszeitraum geschätzt. Die Abbildungen 4.7 bis 4.9 zeigen die Effekte zwischen den Einflussfaktoren und der logarithmierten Teenagerschwangerschaftsrate für das gesamte und bereinigte Länderset im Vergleich. Auch in der vorliegenden Analyse zeigt sich, dass der Ausschluss von Ausreißern die Höhe und Signifikanz der Koeffizienten zum Teil stark beeinflusst. Entsprechend werden nur die Ergebnisse der bereinigten Ländersets berichtet. Entgegen der *Spirit Level Theory* geht aus Abbildung 4.7 hervor, dass die Einkommensungleichheit nicht signifikant mit der Anzahl der Teenagerschwangerschaften assoziiert ist. Dagegen ist Wohlstand unter Ausnahme von 2004 im gesamten Untersuchungszeitraum mittelstark bis stark negativ mit der Teenagerschwangerschaftsrate assoziiert ($r_{min\,(2002)} = -0{,}323^*$; $r_{max\,(1993)} = -0{,}530^{***}$).

Darüber hinaus geht aus Abbildung 4.8 hervor, dass die ethnische Fraktionalisierung zwischen 1991 und 2011 mittelstark positiv mit der Teenagerschwangerschaftsrate zusammenhängt ($r_{min\,(2011)} = 0{,}356^*$; $r_{max\,(1992)} = 0{,}434^*$).

Schließlich zeigt Abbildung 4.9, dass die Materialismusrate keinen signifikanten Einfluss auf die Teenagerschwangerschaftsrate hat und Vertrauen lediglich zwischen 2013 und 2015 mittelstark negativ mit der Anzahl der Teenagerschwangerschaften assoziiert ist ($r_{min\,(2013)} = -0{,}334^*$; $r_{max\,(2015)} = -0{,}322^*$).

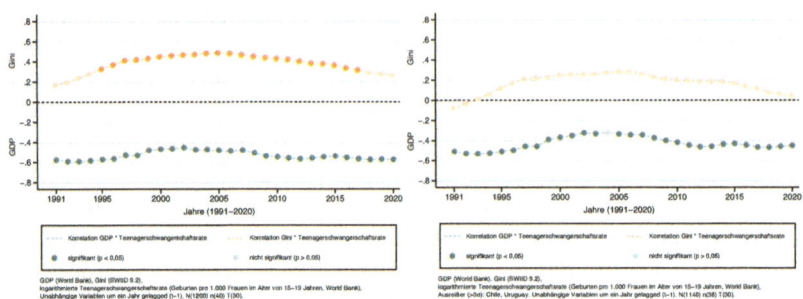

Abbildung 4.7 Korrelationen von Gini/ GDP und der Teenagerschwangerschaftsrate zwischen 1991 und 2020 für das gesamte (links) und bereinigte Länderset (rechts). (Quelle: SWIID 9.2 (Solt, 2020), World Bank (2021b), World Prison Brief Database (2022), eigene Berechnung und Darstellung)

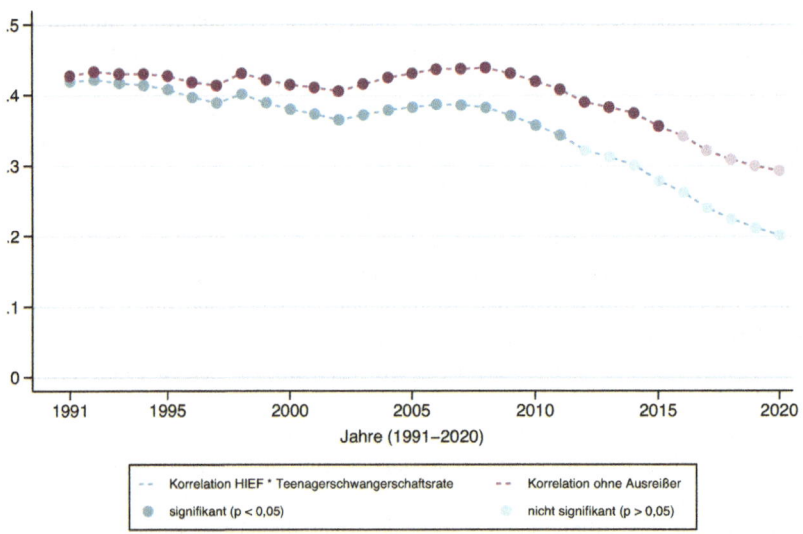

Abbildung 4.8 Korrelationen von ethnischer Fraktionalisierung (HIEF) und Teenagerschwangerschaftsrate zwischen 1991 und 2020 für das gesamte (blau) und bereinigte Länderset (lila). (Quelle: HIEF (Dražanová, 2020), World Prison Brief Database (2022), eigene Berechnung und Darstellung)

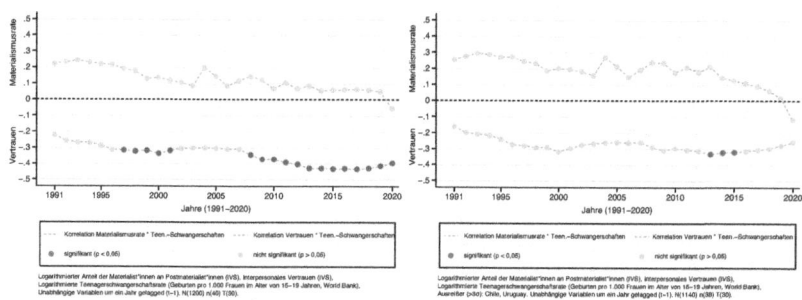

Abbildung 4.9 Korrelationen von Materialismusrate/ Vertrauen und der Teenagerschwangerschaftsrate zwischen 1991 und 2020 für das gesamte (links) und bereinigte Länderset (rechts). (Quelle: EVS (2021), Haerpfer et al. (2021), World Bank (2021a), eigene Darstellung)

Im zweiten Teil der Analyse wurden die Querschnittseffekte der fünf verschiedenen Einflussfaktoren auf die logarithmierte Teenagerschwangerschaftsrate geschätzt. Tabelle 4.5 präsentiert die Ergebnisse für das bereinigte Länderset. Sowohl das bivariate als auch die multivariaten bereinigten Regressionsmodelle bestätigen das Bild der einfachen Pearson-Korrelationen: Die Einkommensungleichheit hat entgegen der Annahme von Wilkinson und Pickett keinen signifikanten Einfluss auf die Teenagerschwangerschaftsrate (Modelle 1, 3 bis 6), die Teenagerschwangerschaftsrate ist in wohlhabenden Ländern geringer (Modelle 2 bis 6) und in ethnisch diverseren Ländern höher (Modell4). Dabei erklärt Wohlstand allein über 30 % der Variation der Teenagerschwangerschaftsrate.

Im dritten Teil der Analyse wurden die Längsschnitteffekte der fünf Einflussfaktoren auf die logarithmierte Teenagerschwangerschaftsrate geschätzt. Tabelle 4.6 zeigt die Ergebnisse der TWFE-Regressionen für das bereinigte Länderset. Die Analyse veranschaulicht, dass keines der Modelle die Variation der Teenagerschwangerschaftsrate im Längsschnitt erklären kann. Es wurden keine signifikanten Effekte zwischen den unabhängigen Variablen und der Teenagerschwangerschaftsrate festgestellt.

Tabelle 4.5 Gepoolte OLS der ökonomischen und kulturellen Einflussfaktoren auf die logarithmierte Teenagerschwangerschaftsrate für das bereinigte Länderset

	Modell 1		Modell 2		Modell 3		Modell 4		Modell 5		Modell 6	
	b	se	b	se	b	se	b	se	b	se	b	se
Gini	0,024	(0,029)			0,024	(0,024)	0,027	(0,022)	0,022	(0,027)	0,025	(0,026)
Log GDP			−0,672***	(0,168)	−0,668***	(0,171)	−0,644**	(0,196)	−0,646***	(0,166)	−0,728***	(0,174)
HIEF[1]							1,078†	(0,546)				
Vertrauen									−0,118	(0,534)		
Log Materialismus											−0,044	(0,095)
Jahr	−0,034***	(0,003)	−0,002	(0,009)	−0,004	(0,010)	−0,008	(0,011)	−0,004	(0,009)	−0,001	(0,010)
Beobachtungen	1140		1140		1140		990		1140		1140	
Länder	38		38		38		33		38		38	
Jahre	30		30		30		30		30		30	
F-Statistik	95,354		142,121		107,198		64,428		88,233		72,137	
Korr.-R²	0,176		0,302		0,324		0,437		0,324		0,327	

Anmerkungen: †$p < 0{,}10$, *$p < 0{,}05$, **$p < 0{,}01$ und ***$p < 0{,}001$. [1]Fehlende HIEF-Daten: Frankreich, Hong Kong, Island, Luxemburg, Malta. Ausreißer ($>3\sigma$): Chile, Uruguay. Unabhängige Variablen um ein Jahr gelagged (t−1).
Quelle: Eigene Berechnung und Darstellung.

Tabelle 4.6 TWFE-Regression der ökonomischen und kulturellen Einflussfaktoren auf die logarithmierte Teenagerschwangerschaftsrate für das bereinigte Länderset

	Modell 1		Modell 2		Modell 3		Modell 4		Modell 5		Modell 6	
	b	se	b	se	b	se	b	se	b	se	b	se
Gini	−0,003	(0,018)				(0,018)	−0,002	(0,016)	−0,001	(0,018)	−0,002	(0,018)
Log GDP			−0,133	(0,142)	−0,133	(0,150)	−0,157	(0,151)	−0,127	(0,144)	−0,109	(0,148)
HIEF[1]							0,296	(0,520)				
Vertrauen									−0,396	(0,364)		
Log Materialismus											0,038	(0,023)
Jahr	−0,033***	(0,003)	−0,027***	(0,007)	−0,027***	(0,007)	−0,026**	(0,008)	−0,026***	(0,007)	−0,028***	(0,007)
Beobachtungen	1140		1140		1140		990		1140		1140	
Länder	38		38		38		33		38		38	
Jahre	30		30		30		30		30		30	
F-Statistik	101,49		97,42		75,52		54,04		69,01		68,19	
R^2 gesamt	0,148		0,21		0,21		0,267		0,24		0,211	

Anmerkungen: $\dagger p < 0,10$, $*p < 0,05$, $**p < 0,01$ und $***p < 0,001$, [1]Fehlende HIEF-Daten: Frankreich, Hong Kong, Island, Luxemburg, Malta. Ausreißer ($>3\sigma$): Chile, Uruguay. Unabhängige Variablen um ein Jahr gelagged (t–1).
Quelle: Eigene Berechnung und Darstellung.

4.4   Schulische Leistungen

Im ersten Analyseschritt wurden einfache ökologische Pearson-Korrelationen zwischen den fünf Einflussfaktoren und der mittleren PISA-Lesekompetenz geschätzt. Die Abbildungen 4.10 bis 4.12 veranschaulichen die Ergebnisse im Vergleich zwischen dem gesamten und bereinigten Länderset. Es zeigt sich erneut, dass der Ausschluss der Ausreißer die Korrelationskoeffizienten in ihrer Höhe und Signifikanz durchaus beeinflusst. Entsprechend werden nur die bereinigten Ergebnisse berichtet. Abbildung 4.10 veranschaulicht entgegen der Annahme von Wilkinson und Pickett, dass die Einkommensungleichheit und Lesekompetenz nicht signifikant miteinander assoziiert sind. Dagegen zeigt sich ein mittelstarker bis starker positiver Zusammenhang zwischen Wohlstand und der Lesekompetenz zwischen 2002 und 2020 ($r_{min\,(2002)} = 0{,}346^{*}$; $r_{max\,(2014)} = 0{,}505^{**}$). Des Weiteren zeigt Abbildung 4.11, dass die ethnische Fraktionalisierung nicht signifikant mit der Lesekompetenz zusammenhängt. Schließlich geht aus Abbildung 4.12 für das bereinigte Länderset hervor, dass Vertrauen im gesamten Untersuchungszeitraum überwiegend stark positiv mit der Lesekompetenz assoziiert ist ($r_{min\,(2006)} = 0{,}453^{**}$; $r_{max\,(2015)} = 0{,}566^{***}$).

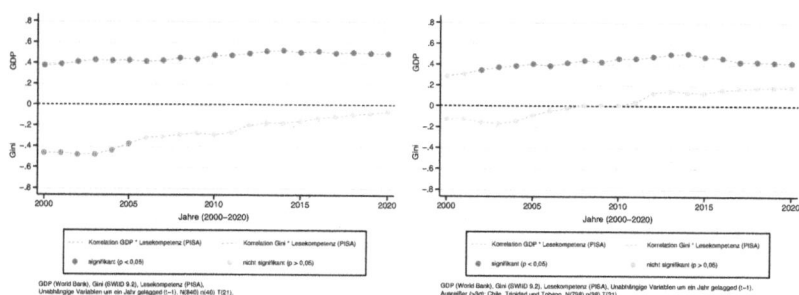

Abbildung 4.10 Korrelationen von Gini/ GDP und der PISA-Lesekompetenz zwischen 2000 und 2020 für das gesamte (links) und bereinigte Länderset (rechts). (Quelle: OECD (2022), SWIID 9.2 (Solt, 2020), World Bank (2021b), eigene Berechnung und Darstellung)

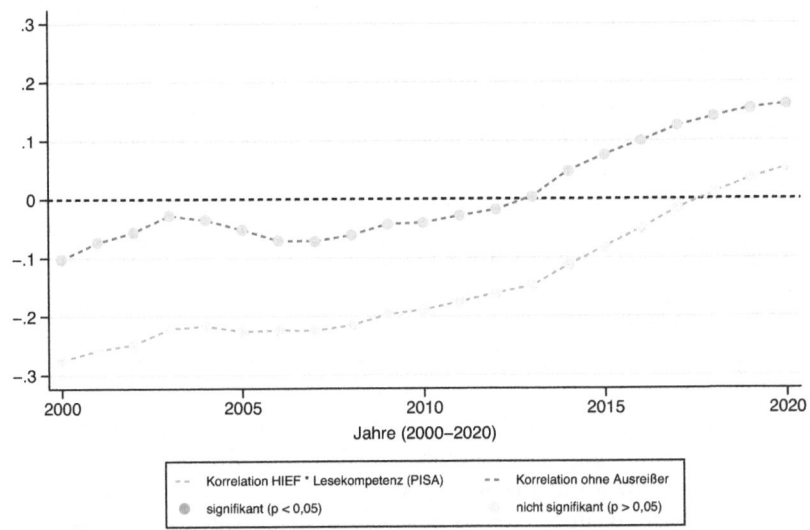

Abbildung 4.11 Korrelationen von ethnischer Fraktionalisierung (HIEF) und Lesekompetenz zwischen 2000 und 2020 für das gesamte (blau) und bereinigte Länderset (lila). (Quelle: HIEF (Dražanová, 2020), OECD (2022), eigene Berechnung und Darstellung)

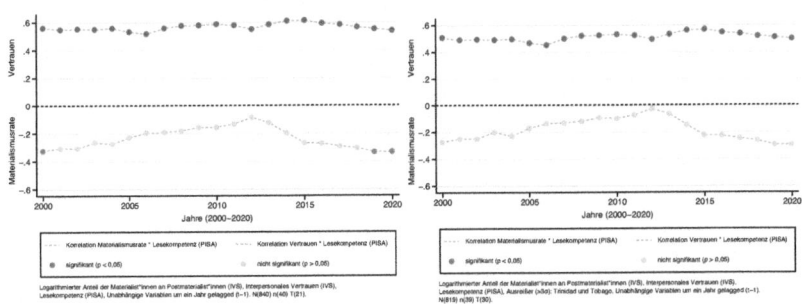

Abbildung 4.12 Korrelationen von Materialismusrate/ Vertrauen und der PISA-Lesekompetenz zwischen 2000 und 2020 für das gesamte (links) und bereinigte Länderset (rechts). (Quelle: EVS (2021), Haerpfer et al. (2021), OECD (2022), eigene Berechnung und Darstellung)

Im zweiten Analyseteil wurden die Querschnittseffekte der fünf Einflussfaktoren auf die Lesekompetenz geschätzt. Tabelle 4.7 zeigt die Ergebnisse der
gepoolten OLS-Regressionen für das bereinigte Länderset. Im Kontrast zu *Spirit
Level Theory* weist auch die Querschnittsanalyse auf keinen signifikanten Zusammenhang zwischen der Einkommensungleichheit und der Lesekompetenz hin,
was das Bild der einfachen ökologischen Korrelationen stützt (Modelle 1, 3 bis
6). Dagegen zeigt sich unter Ausnahme von Modell 5, dass Kinder in wohlha-
benderen Ländern im Mittel eine höhere Lesekompetenz besitzen (Modelle 2 bis
4, 6). Indessen verdeutlicht Modell 5, dass höheres Vertrauen mit einer höheren
mittleren Lesekompetenz einhergeht. Dieses Modell erklärt darüber hinaus mit
29,5 % den größten Anteil der Varianz der Lesekompetenz.

Die im dritten Analyseteil geschätzten Längsschnitteffekte zeigen in
Tabelle 4.8 für das bereinigte Länderset, dass ausschließlich Vertrauen unter Kontrolle der Kovariaten signifikant mit der Lesekompetenz zusammenhängt (Modell
5). Es wird deutlich, dass eine Zunahme des Vertrauens über die Zeit im Mittel
mit einer Steigerung der Lesekompetenz einhergeht.

Das Vertrauen erklärt im Längsschnitt mit 26,8 % ähnlich viel Varianz der
Lesekompetenz wie im Querschnitt. Einkommensungleichheit, Wohlstand, ethni-
sche Fraktionalisierung und die Materialismusrate können Unterschiede in der
Lesekompetenz im Längsschnitt nicht erklären.

Tabelle 4.7 Gepoolte OLS der ökonomischen und kulturellen Einflussfaktoren auf die Lesekompetenz für das bereinigte Länderset

	Modell 1		Modell 2		Modell 3		Modell 4		Modell 5		Modell 6	
	b	se	b	se	b	se	b	se	b	se	b	se
Gini	0,173	(1,154)			0,394	(0,807)	−0,475	(0,797)	1,023	(0,935)	0,433	(0,885)
Log GDP			25,862*	(10,629)	26,266*	(10,359)	31,398***	(7,620)	12,165	(11,714)	25,058*	(12,366)
HIEF[1]							6,861	(19,669)				
Vertrauen									65,710**	(22,456)		
Log Materialismus											−1,393	(4,073)
Jahr	−0,184	(0,184)	−1,253*	(0,494)	−1,277*	(0,477)	−1,506***	(0,404)	−0,888*	(0,438)	−1,241*	(0,522)
Beobachtungen	798		798		798		693		798		798	
Länder	38		38		38		33		38		38	
Jahre	21		21		21		21		21		21	
F-Statistik	0,546		3,231		3,315		4,862		6,207		2,866	
Korr.-R^2	0,000		0,165		0,169		0,262		0,295		0,171	

Anmerkungen: [†] $p < 0,10$, [*] $p < 0,05$, [**] $p < 0,01$ und [***] $p < 0,001$, [1]Fehlende HIEF-Daten: Frankreich, Hong Kong, Island, Luxemburg, Malta. Ausreißer ($>3\sigma$): Chile, Trinidad und Tobago. Unabhängige Variablen um ein Jahr gelagged (t−1).
Quelle: Eigene Berechnung und Darstellung.

Tabelle 4.8 TWFE-Regression der ökonomischen und kulturellen Einflussfaktoren auf die Lesekompetenz für das bereinigte Länderset

	Modell 1		Modell 2		Modell 3		Modell 4		Modell 5		Modell 6	
	b	se	b	se	b	se	b	se	b	se	b	se
Gini	0,112	(0,850)			0,203	(0,823)	−0,462	(0,919)	−0,021	(1,032)	0,244	(0,821)
Log GDP			13,926	(9,362)	14,056	(9,540)	7,636	(10,255)	10,938	(9,018)	13,437	(9,713)
HIEF[1]												
Vertrauen							−29,675	(45,568)	50,965[†]	(30,008)		
Log Materialismus											−0,909	(1,401)
Jahr	−0,183	(0,191)	−0,758[†]	(0,423)	−0,767[†]	(0,431)	−0,41	(0,550)	−0,776[†]	(0,424)	−0,751[†]	(0,433)
Beobachtungen	798		798		798		693		798		798	
Länder	38		38		38		33		38		38	
Jahre	21		21		21		21		21		21	
F-Statistik	0,46		1,65		1,09		0,73		2,04		1,4	
R² gesamt	0,003		0,166		0,171		0,045		0,268		0,174	

Anmerkungen: [†] $p < 0,10$, [*] $p < 0,05$, [**] $p < 0,01$ und [***] $p < 0,001$. [1]Fehlende HIEF-Daten: Frankreich, Hong Kong, Island, Luxemburg, Malta. Ausreißer (>3σ): Chile, Trinidad und Tobago. Unabhängige Variablen um ein Jahr gelagged (t−1).
Quelle: Eigene Berechnung und Darstellung.

4.5 Wahlbeteiligung

Auch für das letzte untersuchte Problem wurden im ersten Teil der Analyse einfache ökologische Pearson-Korrelationen zwischen den fünf Einflussfaktoren und der Wahlbeteiligung geschätzt. Die Abbildungen 4.13 bis 4.15 präsentieren die Ergebnisse für das gesamte Länderset, da in den Daten zur Wahlbeteiligung keine Ausreißer festgestellt wurden. Nur in der ersten Korrelationsreihe zwischen der Einkommensungleichheit und Wahlbeteiligung wurde eine weitere Gini-bereinigte Analyse durchgeführt. Abbildung 4.13 verdeutlicht diesbezüglich für das unbereinigte (gelb) und bereinigte Länderset (rosa), dass Einkommensungleichheit und Wahlbeteiligung nicht signifikant miteinander assoziiert sind. Dagegen zeigt sich, dass Wohlstand und Wahlbeteiligung zwischen 2011 und 2020 in mittlerer Stärke miteinander zusammenhängen ($r_{min\ (2011)} = 0{,}344^{*}$; $r_{max\ (2017)} = 0{,}448^{**}$).

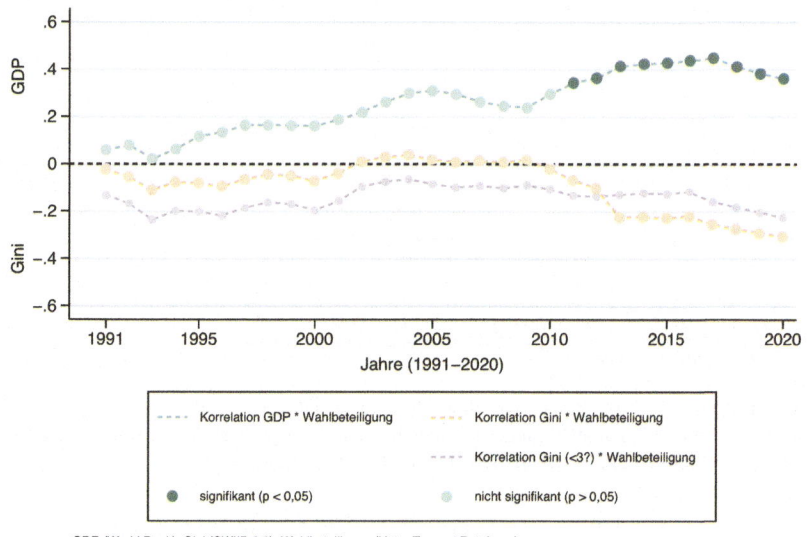

GDP (World Bank), Gini (SWIID 9.2), Wahlbeteiligung (Voter Turnout Database),
Unabhängige Variablen um ein Jahr gelagged (t−1). N(1200) n(40) T(30).
Ausreißer (>3σ) ohne signifikanten Einfluss auf die Korrelationen (Chile, Gini).

Abbildung 4.13 Korrelationen von Gini/ GDP für das gesamte und bereinigte (Gini, rosa) Länderset. (Quelle: International IDEA (2022), SWIID 9.2 (Solt, 2020), World Bank (2021b), eigene Berechnung und Darstellung)

Aus Abbildung 4.14 geht hervor, dass die ethnische Fraktionalisierung über den gesamten Untersuchungszeitraum hinweg nicht signifikant mit der Höhe der Wahlbeteiligung assoziiert ist. Auch die Materialismusrate hängt nicht signifikant mit der Wahlbeteiligung zusammen, was Abbildung 4.15 verdeutlicht. Dagegen stellt sich heraus, dass Vertrauen zwischen 2015 und 2020 mittelstark positiv mit der Anzahl der Personen assoziiert ist, die von ihrem Wahlrecht Gebrauch machen ($r_{min\,(2015)} = 0{,}323^*$; $r_{max\,(2017)} = 0{,}369^*$).

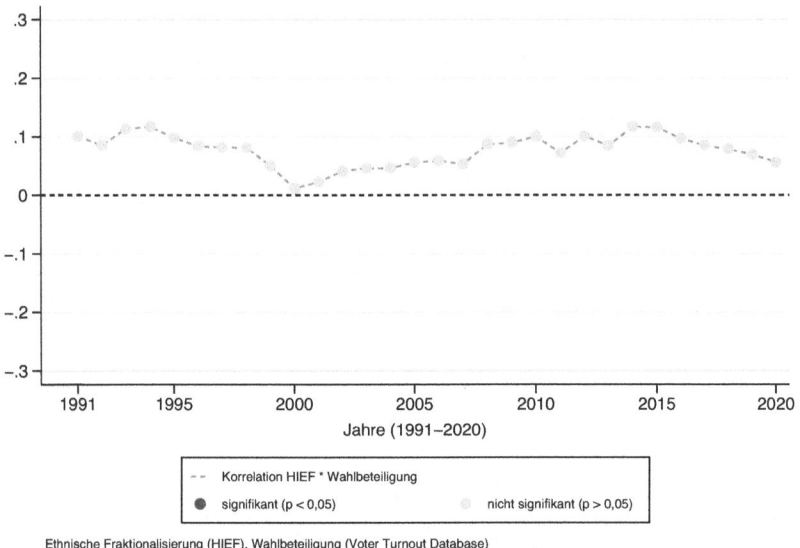

Ethnische Fraktionalisierung (HIEF), Wahlbeteiligung (Voter Turnout Database)
Fehlende HIEF-Daten: Frankreich, Hong Kong, Island, Luxemburg, Malta. N(1050) n(35) T(30)
HIEF-Daten um ein Jahr gelagged (t–1).

Abbildung 4.14 Korrelationen von ethnischer Fraktionalisierung (HIEF) und Wahlbeteiligung zwischen 1991 und 2020 für das gesamte Länderset. (Quelle: HIEF (Dražanová, 2020), International IDEA (2022), eigene Berechnung und Darstellung)

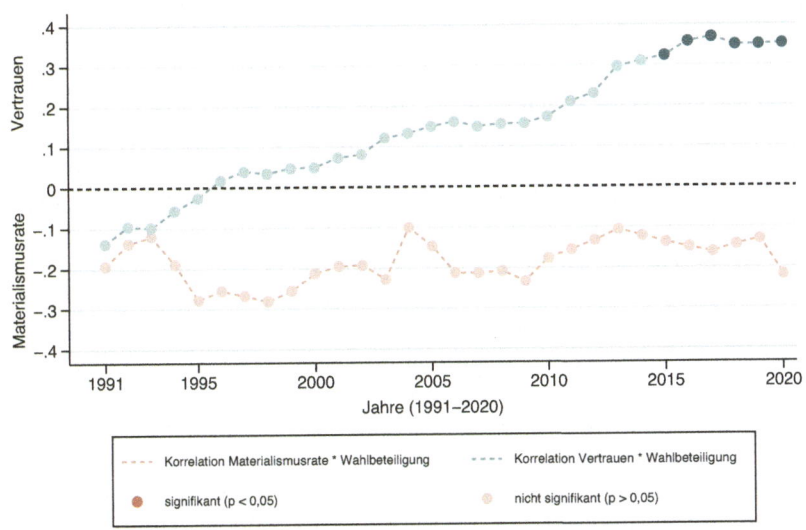

Logarithmierter Anteil der Materialist*innen an Postmaterialist*innen (IVS), Interpersonales Vertrauen (IVS), Wahlbeteiligung (Voter Turnout Database), Unabhängige Variablen um ein Jahr gelagged (t–1). N(1200) n(40) T(30).

Abbildung 4.15 Korrelationen von Materialismusrate/ Vertrauen und der Wahlbeteiligung zwischen 1990 und 2020 für das gesamte Länderset. (Quelle: EVS (2021), Haerpfer et al. (2021), International IDEA (2022), eigene Berechnung und Darstellung)

Im zweiten Analyseteil wurden die Querschnittseffekte der fünf Einflussfaktoren auf die Wahlbeteiligung geschätzt. Tabelle 4.9 präsentiert die Ergebnisse für das bereinigte Länderset unter der Kontrolle des Einflusses einer Wahlpflicht. Im Kontrast zu den einfachen Pearson-Korrelationen zeigt die Querschnittsanalyse, dass die mittlere Wahlbeteiligung in Ländern niedriger ist, in denen das Einkommen ungleicher verteilt ist. Dieser Zusammenhang zeigt sich in allen gepoolten OLS Modellen (Modelle 1, 3, 4 und 6) unter Ausnahme der Kontrolle auf Vertrauen, Wohlstand und Wahlpflicht (Modell 5). Ein positiver Zusammenhang zwischen Wohlstand und Wahlbeteiligung konnte dagegen nur unter der Kontrolle auf Einkommensungleichheit und ethnische Fraktionalisierung festgestellt werden (Modell 4). Modell 5 verrät, dass Länder, in denen Menschen eher einander vertrauen, im Mittel durch eine höhere Wahlbeteiligung charakterisiert sind. Dieser Zusammenhang besteht unter der Kontrolle auf Einkommensungleichheit, Wohlstand und Wahlbeteiligung. Die Materialismusrate hat auch im Länderquerschnitt keinen Einfluss auf die Wahlbeteiligung (Modell 6). Darüber hinaus wird über alle Modelle hinweg deutlich, dass die Wahlbeteiligung in Ländern mit einer Wahlpflicht im Mittel um ca. 20 % höher ist. Dieser starke Effekt der Wahlpflicht trägt maßgeblich dazu bei, dass in allen Modellen ein vergleichsweise großer Anteil der Varianz der Wahlbeteiligung erklärt werden kann (34 bis 44,8 %).

Im dritten Teil der Analyse wurden die Längsschnitteffekte der fünf Einflussfaktoren auf die mittlere Wahlbeteiligung unter der Kontrolle des Einflusses einer Wahlpflicht geschätzt. Tabelle 4.10 präsentiert die Ergebnisse der TWFE-Regressionen für das bereinigte Länderset. Es wird deutlich, dass eine Zunahme der Einkommensungleichheit über die Zeit im Mittel mit einer Abnahme der Wahlbeteiligung einhergeht. Dieser negative Zusammenhang zeigt sich über alle Modelle hinweg unter Kontrolle der jeweiligen Kovariaten (Modelle 1, 3 bis 6).

Dagegen besteht im Längsschnitt kein signifikanter Zusammenhang zwischen dem Wohlstand und der Wahlbeteiligung über alle Modelle hinweg (Modelle 2 bis 6). Die Assoziation zwischen Vertrauen und der Wahlbeteiligung kann dagegen im Längsschnitt bestätigt werden: Eine Zunahme des Vertrauens über die Zeit geht im Mittel mit einer Steigerung der Wahlbeteiligung einher. Indessen konnte im Längsschnitt ein signifikanter Zusammenhang zwischen der ethnischen Fraktionalisierung und der Wahlbeteiligung festgestellt werden: Werden Länder über die Zeit ethnisch heterogener, so erhöht sich im Mittel der Anteil der Personen, die von ihrem Wahlrecht Gebrauch machen. Dieser Zusammenhang besteht unter der Kontrolle der entsprechenden Kovariaten (Modell 4). Insgesamt wird deutlich, dass im Querschnitt ein deutlich höherer Teil der Varianz der Wahlbeteiligung erklärt werden kann als im Längsschnitt.

Tabelle 4.9 Gepoolte OLS der ökonomischen und kulturellen Einflussfaktoren auf die Wahlbeteiligung für das bereinigte Länderset

	Modell 1		Modell 2		Modell 3		Modell 4		Modell 5		Modell 6	
	b	se	b	se	b	se	b	se	b	se	b	se
Gini	-0,752*	(0,287)			-0,694*	(0,305)	-0,487†	(0,240)	-0,5	(0,330)	-0,665*	(0,315)
Log GDP			5,829	(3,622)	4,771	(3,767)	7,163†	(3,814)	0,97	(3,832)	3,055	(3,846)
HIEF[1]							7,236	(6,987)				
Vertrauen									19,662*	(9,627)		
Log Materialismus											-1,429	(1,248)
Wahlpflicht	21,030***	(3,652)	18,123***	(3,649)	19,971***	(3,958)	20,149***	(3,863)	22,272***	(3,874)	20,246***	(3,816)
Jahr	-0,234**	(0,071)	-0,548**	(0,184)	-0,455*	(0,198)	-0,609**	(0,198)	-0,329*	(0,192)	-0,373†	(0,205)
Beobachtungen	1170		1170		1170		1020		1170		1170	
Länder	39		39		39		34		39		39	
Jahre	30		30		30		30		30		30	
F-Statistik	32,063		30,09		22,984		21,14		18,475		18,704	
Korr.-R²	0,372		0,340		0,392		0,448		0,422		0,401	

Anmerkungen: † $p < 0,10$, * $p < 0,05$, ** $p < 0,01$ und *** $p < 0,001$, [1]Fehlende HIEF-Daten: Frankreich, Hong Kong, Island, Luxemburg, Malta. Ausreißer (>3σ): Chile. Unabhängige Variablen um ein Jahr gelagged (t−1).
Quelle: Eigene Berechnung und Darstellung.

Tabelle 4.10 TWFE-Regression der ökonomischen und kulturellen Einflussfaktoren auf die Wahlbeteiligung für das bereinigte Länderset

	Modell 1		Modell 2		Modell 3		Modell 4		Modell 5		Modell 6	
	b	se	b	se	b	se	b	se	b	se	b	se
Gini	−0,641†	(0,357)			−0,606†	(0,325)	−0,737*	(0,337)	−0,674†	(0,339)	−0,596†	(0,334)
Log GDP			−3,029	(4,431)	−2,186	(3,961)	0,137	(4,031)	−2,359	(3,733)	−2,34	(3,867)
HIEF[1]							31,763*	(15,427)				
Vertrauen									30,692**	(9,010)		
Log Materialismus											−0,266	(0,735)
Jahr	−0,250***	(0,062)	−0,153	(0,196)	−0,153	(0,188)	−0,338	(0,216)	−0,196	(0,174)	−0,145	(0,186)
Beobachtungen	1170		1170		1170		1020		1170		1170	
Länder	39		39		39		34		39		39	
Jahre	30		30		30		30		30		30	
F-Statistik	10,18		10,32		7,01		7,49		7,95		6,44	
R^2 gesamt	0,051		0,001		0,026		0,022		0,043		0,029	

Anmerkungen: † $p < 0,10$, * $p < 0,05$, ** $p < 0,01$ und *** $p < 0,001$, [1]Fehlende HIEF-Daten: Frankreich, Hong Kong, Island, Luxemburg, Malta. Ausreißer ($>3\sigma$): Chile. Unabhängige Variablen um ein Jahr gelagged (t−1).
Quelle: Eigene Berechnung und Darstellung.

4.6 Zusammenfassung der Forschungsergebnisse

Tabelle 4.11 fasst die Ergebnisse der bivariaten Pearson-Korrelationen (PK), der multivariaten Quer- (QS) und Längsschnittanalysen (LS) für die bereinigten Ländersets zusammen (s. jeweils Regressionsmodelle 4 bis 6). Für die Pearson-Korrelationen ist die Anzahl der signifikanten Zusammenhänge im Untersuchungszeitraum angegeben. Signifikante Quer- und Längsschnitteffekte sind mit einem Haken (✓) gekennzeichnet, insignifikante mit Kreuzen (X). Die unterschiedlichen Farben markieren Problem-verstärkende (*rot*) und Problem-abdämpfende (*grün*) Zusammenhänge und Effektrichtungen. Eingeklammerte Haken ((✓)) kennzeichnen die für Gini und GDP möglichen Sonderfälle, in denen nur in einem bzw. zwei von drei fokussierten Modellen ein signifikanter Effekt festgestellt wurde; also unter Kontrolle auf ethnische Fraktionalisierung oder Vertrauen oder Materialismus.

Die Ergebnisse zeigen in Übereinstimmung mit der *Spirit Level Theory* im Länderquerschnitt, dass eine höhere **Einkommensungleichheit** mit einer höheren Mordrate, einer höheren Inhaftierungsrate und einer geringeren Wahlbeteiligung einhergeht. Entgegen der Theorie wurden keine Effekte auf die Teenagerschwangerschaftsrate und Lesekompetenz von Kindern festgestellt. Im Längsschnitt ist die Zunahme der Einkommensungleichheit lediglich mit einer Verringerung der Wahlbeteiligung assoziiert und geht entgegen der Annahme von Wilkinson und Pickett sogar mit einer Verringerung der Mordrate einher. Die Ergebnisse der multivariaten Querschnittsanalyse konterkarieren außerdem die Behauptung der *Spirit Level Theory*, das **Wohlstandsniveau** habe in reichen Ländern keinen Einfluss mehr auf das Ausmaß sozialer Probleme. So zeigt sich, dass reichere Länder sogar unter Kontrolle der Einkommensungleichheit von allen untersuchten sozialen Problemen in einem geringeren Ausmaß betroffen sind. Im Längsschnitt zeigt sich außerdem, dass die Zunahme des Wohlstands mit einer Verringerung der Mord- und Inhaftierungsrate einhergeht.

Die Ergebnisse verweisen im Länderquerschnitt darauf, dass **ethnisch diversere Länder** höhere Mord- und Inhaftierungs- und Teenagerschwangerschaftsraten aufweisen. Dagegen geht aus der Längsschnittanalyse hervor, dass eine über die Zeit zunehmende ethnische Fraktionalisierung mit einer Zunahme der Wahlbeteiligung assoziiert ist. Zwischen der ethnischen Fraktionalisierung und der Lesekompetenz wurde kein signifikanter Zusammenhang festgestellt. **Vertrauen** ist sowohl im Länderquer- als auch im Länderlängsschnitt positiv mit der Lesekompetenz und der Wahlbeteiligung assoziiert. Darüber hinaus zeigt sich, dass eine Zunahme des Vertrauens über die Zeit im Mittel mit einer Abnahme der Inhaftierungsrate einhergeht. Der aus den Pearson-Korrelationen

Tabelle 4.11 Ergebnisübersicht der Quer- und Längsschnittanalysen für das bereinigte Länderset

	Mordrate			Inhaftierungsrate			Teenagermütter			Lesekompetenz			Wahlbeteiligung		
	PK	*QS*	*LS*	*PK*	*QS*	*LS*	*PK*	*QS*	*LS*	*PK*	*QS*	*LS*	*PK*	*QS*	*LS*
Gini	19/30	✓	✓	30/30	✓									(✓)	✓
Log GDP	30/30	✓	✓	30/30	(✓)	✓	29/30	✓		19/21	(✓)		10/30	(✓)	
HIEF	13/30	✓		24/30	✓		25/30	✓							✓
Vertrauen	05/30			30/30		✓	03/30			21/21	✓	✓	06/30	✓	
Log Materialismus	02/30			25/30	✓										

Anmerkungen: ✓ = signifikanter Effekt; (✓) = signifikanter Effekt in mind. einem der Modelle 4, 5 oder 6; „Leerstelle" = kein signifikanter Effekt; unterstrichen = dämpfender Effekt; **fett** = verschärfender Effekt, PK = Pearson-Korrelationen (signifikant an X/30 Zeitpunkten), QS = Querschnitt; LS = Längsschnitt; Unabhängige Variablen um ein Jahr gelagged (t−1).
Quelle: Eigene Berechnung und Darstellung

hervorgehende dämpfende Zusammenhang zwischen Vertrauen und Inhaftierungen konnten durch die multivariate Querschnittsanalyse dagegen nicht bestätigt werden. Außerdem zeigen die multivariaten Quer- und Längsschnittanalysen, dass das Vertrauenslevel weder mit der Mordrate noch mit der Teenagerschwangerschaftsrate assoziiert ist. Abschließend zeigen die Ergebnisse, dass die **Materialismusrate** lediglich signifikant mit der Inhaftierungsrate im Länderquerschnitt zusammenhängt. Länder mit einem materialistischeren Werteklima sind durch höhere Inhaftierungsraten gekennzeichnet. Mit den anderen untersuchten sozialen Problemen ist die Materialismusrate nicht assoziiert.

Ergebnisdiskussion

5

Die vorliegende Studie über soziale Probleme in 40 reichen Ländern im Zeitraum von 1990–2020 stellt derzeit die aktuellste und umfassendste Überprüfung von Wilkinson und Picketts Erweiterung der Einkommensungleichheitshypothese für soziale Probleme dar. In Bezug auf den langen wissenschaftlichen Streit um den Einfluss von Einkommensungleichheit auf das Ausmaß sozialer Probleme liefert die vorliegende Arbeit aufgrund ihrer Systematik wichtige Forschungsergebnisse. Es können drei wesentliche Erkenntnisse hervorgehoben werden: (1) Einkommensungleichheit *allein* stellt sich als eher ungenügender Prädiktor für soziale Probleme heraus. (2) Vor allem Wohlstand, aber auch ethnische Fraktionalisierung und Vertrauen, hängen signifikant und sogar unabhängig von Einkommensungleichheit mit dem Ausmaß sozialer Probleme zusammen. (3) Die geschätzten Zusammenhänge zwischen den Einflussfaktoren und Problemen sind deutlich heterogener als erwartet, was gegen Wilkinson und Picketts Hypothese eines *einzelnen* zentralen Mechanismus spricht, das Ausmaß sozialer Probleme auf der Makroebene zu erklären. Im Nachfolgenden werden die Forschungsergebnisse entlang der *fünf* aufgestellten Forschungshypothesen diskutiert.

Ergänzende Information Die elektronische Version dieses Kapitels enthält Zusatzmaterial, auf das über folgenden Link zugegriffen werden kann https://doi.org/10.1007/978-3-658-39865-1_5.

M. Gercke, *Trends und Determinanten sozialer Probleme in reichen Ländern*, BestMasters, https://doi.org/10.1007/978-3-658-39865-1_5

5.1   Einkommensungleichheit als ungenügender Prädiktor

Vor dem Hintergrund Wilkinson und Picketts *Spirit Level Theory* (2016 [2010])
wurde erwartet, dass in reichen Gesellschaften höhere Einkommensungleichheit
unabhängig von Wohlstand mit einem höheren Ausmaß sozialer Probleme einhergeht (H1). Die Ergebnisse der Querschnittsanalyse zeigen, dass sich H1 nur
für *drei* der fünf getesteten sozialen Probleme bestätigen lässt: für Gewalt, Inhaftierungen sowie das Problem niedriger Wahlbeteiligung. Aus den Ergebnissen
der einfachen ökologischen Korrelationen geht hervor, dass die Bereinigung des
Ländersets von Ausreißern zu einer starken Verringerung signifikanter Koeffizienten führt; insbesondere bei der Analyse von Teenagerschwangerschaften. Im
Längsschnitt kann lediglich der erwartete Zusammenhang zwischen abnehmender
Wahlbeteiligung und der Zunahme von Einkommensungleichheit festgestellt werden. Außerdem zeigen die Ergebnisse der Längsschnittanalyse im Kontrast zur
Theorie, dass eine Zunahme der Einkommensungleichheit mit einer Verringerung
von Gewalt einhergeht. Dieser Zusammenhang besteht auch unter der Kontrolle
der vier übrigen Einflussfaktoren. Trotz der signifikanten Assoziation der beiden
Größen ist ein Kausalzusammenhang unplausibel. Eine mögliche Erklärung der
Effektrichtung kann die Gleichzeitigkeit sein, in der die Einkommensungleichheit
innerhalb der Länderauswahl zwischen 1990 und 2020 angestiegen ist und die
Mordraten gesunken sind – vor allem in den osteuropäischen Ländern nach dem
Ende des kalten Krieges und unter dem Eindruck postkommunistischer Trans-
formationsprozesse. Hier bedarf es weiterer Forschung. Im Längsschnitt kann
also keines der sozialen Probleme aus der *Spirit Level Theory* im zeitlichen Verlauf erklärt werden. Die vorliegenden Ergebnisse verdeutlichen in Bezug auf die
Theorie, dass Einkommensungleichheit *allein* ein ungenügender Prädiktor für das
Ausmaß *aller* untersuchten sozialen Probleme in reichen Ländern ist. Wilkinson
und Picketts Ansatz, die individuelle und kollektive Betroffenheit von sozialen
Problemen auf einen einzigen zentralen Mechanismus zurückzuführen, scheint
somit der Realität nicht gerecht zu werden. Entsprechend kritisch müssen daraus abgeleitete eindimensionale politische Forderungen betrachtet werden, nach
denen sich soziale Probleme *allein* durch die Um- bzw. Gleichverteilung von
Einkommen und Wohlstand verringern ließen. Gleichwohl eine Verringerung der
Einkommensungleichheit bestimmte soziale Probleme verringern kann, sollte ein
Mainstreaming der Einkommensungleichheitshypothese weder in der Politik noch
in der Theoriebildung zu einer Blindheit gegenüber anderen Einflussfaktoren führen. So zeigen die Forschungsergebnisse deutlich, dass höherer Wohlstand nach

wie vor mit einem geringeren Ausmaß sozialer Probleme einhergeht. Entsprechend darf dieser Faktor nicht wie in Wilkinson und Picketts Konzeption *a priori* ausgeschlossen werden. Des Weiteren stellen die Ergebnisse der einfachen ökologischen Korrelationen noch einmal die Relevanz des Ausschlusses von Ausreißern heraus. Die fehlende Bereinigung ist ein wesentlicher Kritikpunkt an Wilkinson und Picketts Forschungsergebnissen (Saunders & Evans, 2010). Es wird deutlich, dass allein dieser Schritt dazu führt, dass sich die Zahl der signifikanten Koeffizienten im dreißigjährigen Untersuchungszeitraum bei der Mordrate von 22 auf 19 verringert, bei Teenagerschwangerschaften von 23 auf 0 und bei schulischen Leistungen von 6 auf 0. Dies verdeutlicht noch einmal die Notwendigkeit der Einhaltung wissenschaftlicher Standards in der empirischen Sozialforschung, um Fehlinterpretationen und fehlerhafte Rückschlüsse auf die Praxis zu vermeiden. In Bezug auf die kritische Auseinandersetzung mit der *Spirit Level Theory* ist die vorliegende Arbeit in zweierlei Hinsicht limitiert: Erstens beschränkt sie sich auf soziale Probleme und lässt die von Wilkinson und Pickett verhandelten gesundheitlichen Missstände unberücksichtigt. Und zweitens kann sie den in der Theorie angenommenen Mediationseffekt der Statusängste nicht prüfen. Hier bestehen Potentiale für zukünftige Forschung, z. B. in der Erweiterung der untersuchten Probleme und in der Schätzung von Mediationsmodellen (z. B. in Anlehnung an Delhey & Steckermeier, 2019).

Die vorliegenden Ergebnisse reihen sich in eine Vielzahl von Studien ein und können bisherige Erkenntnisse stützen, widerlegen und präzisieren. *Gewalt.* Die Resultate aus den Querschnittsanalysen bestätigen Studienergebnisse, wie z. B. von Coccia (2017) oder Fajnzylber et al. (2002), die einen Zusammenhang zwischen höherer Einkommensungleichheit und höheren Mordraten herausstellen, für das vorliegende Set 40 reicher Länder im dreißigjährigen Untersuchungszeitraum. Dagegen zeigen die Ergebnisse der Längsschnittanalysen keine signifikanten Zusammenhänge, was bisherigen Erkenntnissen widerspricht (z. B. Chamlin & Cochran, 2006 und Jacobs & Richardson, 2008). Eine Erklärung für die Abweichung im Längsschnitt kann in der Qualität der Länder- und Datenauswahl liegen. Messner et al. (2002) stellen heraus, dass der Zusammenhang zwischen Einkommensungleichheit und Mordraten von der Qualität der Messung abhängig ist. Auch sie schätzen im Längsschnitt einen negativen wenngleich insignifikanten Koeffizienten in Ländern mit einer qualitativ hochwertigen Messung der Einkommensungleichheit. *Inhaftierungen.* Studienergebnisse, wie z. B. von Lappi-Seppälä (2011) oder Sutton (2004), die einen positiven Zusammenhang zwischen Einkommensungleichheit und Inhaftierungen im Länderquerschnitt aufzeigen, werden durch die vorliegende Analyse gestützt; entsprechende Längsschnittergebnisse, wie z. B. von Crutchfield und Pettinicchio

(2009) oder Steelman (2016) dagegen nicht. Im Gegensatz zu Crutchfield und
Pettinichio beruhen die vorliegenden Ergebnisse nicht auf einfachen ökologischen
Korrelationen über die Zeit, sondern auf multivariaten TWFE-Regressionen. Die
Abweichung zu Steelmans signifikanten FE-Regressionen kann eine Folge der
fehlenden Kontrolle auf weitere Einflussfaktoren und des an der Datenverfügbar-
keit orientierten, internationaleren Ländersets sein. *Teenagerschwangerschaften.*
Die Analyseergebnisse widersprechen den wenigen Studien, welche im Länderquerschnitt auf einen verschärfenden Effekt von Einkommensungleichheit auf die
Zahl der Teenagerschwangerschaften hinweisen, wie z. B. durch Jones (2017)
oder Gold et al. (2001). Auch hier können die Länderauswahl, Datenquali-
tät und einfaches methodisches Vorgehen eine Erklärung für die abweichenden
Ergebnisse darstelle. *Schulische Leistungen.* Die vorliegenden Ergebnisse widersprechen auch den Resultaten von Querschnittsstudien, wie z. B. von Chiu (2015)
oder Jerrim und Macmillan (2015), die negative Zusammenhänge zwischen Einkommensungleichheit und schulischen Leistungen schätzen. Ursachen für diese
Abweichungen können sein, dass Chiu anstatt der Lese- die Methekompetenz
überprüft und Herrim und Macmillan ihre Untersuchung auf das Erwachsenen-
programm der OECD stützen, das *Programme for International Assessment of
Adult Competencies* (PIAAC). Vor dem Hintergrund weniger makrosoziologischer
Längsschnittstudien weisen die vorliegenden Ergebnisse auf keinen signifikanten
Zusammenhang zwischen Einkommensungleichheit und schulischen Leistungen
von Kindern im Zeitverlauf hin. Dieses Ergebnis stellt ein Novum für die Bildungsforschung dar, in der Einkommensungleichheit in der Regel als Ursache
und Folge von Bildung verhandelt wird (z. B. in Gregorio & Lee, 2002). *Wahlbeteiligung.* Die vorliegenden Ergebnisse bestätigen diverse Studien, vor allem
jene von Solt (2010) sowie Jensen und Jespersen (2017), die einen negativen
Zusammenhang zwischen der Einkommensungleichheit und der Wahlbeteiligung
festgestellt haben. Zudem erweitern die Längsschnittergebnisse das bisherige Verständnis, indem sie aufzeigen, dass eine Zunahme der Einkommensungleichheit
über die Zeit mit einer Abnahme der Wahlbeteiligung in reichen Ländern einhergeht – und das unabhängig von Wohlstand, Vertrauen und dem gesellschaftlichen
Werteklima.

5.2   Zuverlässige Wohlstandseffekte

Snowdons Publikation *The Spirit Level Delusion* (2010) versteht sich als direkte
Gegenschrift zu Wilkinson und Picketts Theorie. Sie stellt den dämpfenden

Einfluss von Wohlstand auf soziale Probleme radikal gegen den der Einkommensungleichheit. Entsprechend wurde erwartet, dass in reichen Gesellschaften Wohlstand unabhängig von der Einkommensungleichheit negativ mit dem Ausmaß sozialer Probleme assoziiert ist (H2). Aus den Ergebnissen der Querschnittsanalysen geht hervor, dass diese Hypothese für *alle* fünf untersuchten sozialen Probleme angenommen werden kann. Höherer Wohlstand geht unabhängig von Einkommensungleichheit mit niedriger Gewalt, weniger Inhaftierungen und Teenagerschwangerschaften, höheren schulischen Leistungen sowie einer höheren Wahlbeteiligung einher. Im Längsschnitt konnte H2 lediglich für das Ausmaß an Gewalt und die Zahl der Inhaftierungen bestätigt werden: Ein Anstieg des Wohlstands geht mit einer Abnahme der Mord- und Inhaftierungsraten einher. Diese Ergebnisse bestätigen Snowdons Kritik an der *Spirit Level Theory* in Bezug auf soziale Probleme und stützen seine Hauptargumente, nach denen von wirtschaftlicher Prosperität weiterhin schichtübergreifend *alle* profitieren und materieller Wohlstand jenseits vom Statusstreben einen tatsächlichen Nutzen und positiven Einfluss auf das Leben der Menschen hat. Während Wilkinson und Pickett die Relevanz des Wohlstands als Prädiktor sozialer und gesundheitlicher Probleme radikal ausblenden, verkennt Snowdon jedoch voreingenommen den Einfluss von Einkommensungleichheit. Die vorliegenden Ergebnisse verdeutlichen allerdings, dass *beide* Faktoren eine wichtige Rolle spielen. Besonders deutlich wird dies vor dem Hintergrund des Problems niedriger Wahlbeteiligung. So werden die positiven Auswirkungen der Wohlstandszunahme über die letzten dreißig Jahre nicht an der Wahlurne honoriert, wogegen die zunehmende Einkommensungleichheit mit einer problematischen Verringerung der Wahlbeteiligung einhergeht. Aus den Ergebnissen geht für die Theoriebildung hervor, dass sich der wissenschaftliche Blick nicht auf einen einzelnen Faktor oder zentralen Mechanismus versteifen darf. Für die politische Praxis bedeutet diese Erkenntnis, dass Maßnahmen der Wohlstandsverteilung und Wohlstandsmehrung nicht vor dem Hintergrund unterschiedlicher politscher Doktrinen gegeneinander ausgespielt werden dürfen, sondern sachbezogen Anwendung finden müssen.

In Bezug auf den Forschungsstand können viele der bisherigen Ergebnisse bestätigt werden. *Gewalt.* Die Analyse bestätigt die vielfältigen Studienergebnisse, wie z. B. von Jacobs und Richardson (2008) oder Pereira und de Menezes (2021), die einen negativen Zusammenhang zwischen Wohlstand und Gewalt herausstellen. Darüber hinaus können dementsprechende Ergebnisse longitudinaler Studien, wie z. B. von Stamaterl (2009) oder Dolliver (2015), bestätigt und für ein diverseres Länderset und einen längeren Untersuchungszeitraum erweitert werden. *Inhaftierungen.* Die Ergebnisse bestätigen den aktuellen Forschungsstand, nach dem höherer Wohlstand mit einer niedrigeren Inhaftierungsrate einhergeht

sowohl im Länderquerschnitt (z. B. in Sutton 2004) als auch im Längsschnitt
(z. B. in Clark und Herbolsheimer 2021). *Teenagerschwangerschaften.* Die
Analyse bestätigt die Ergebnisse bisheriger Querschnittsstudien, die auf einen
negativen Zusammenhang zwischen Wohlstand und Teenagerschwangerschaften
hinweisen (z. B. Gold et al., 2001 oder Jones et al., 2017). Dagegen kann der
durch Santelli et al. 2017 festgestellte Zusammenhang von Wohlstand und Teenagerschwangerschaften im Längsschnitt nicht bestätigt werden. Das abweichende
Ergebnis kann durch die unterschiedliche Länderauswahl erklärt werden. Santelli et al. unterscheiden in ihrer Analyse von 142 Ländern nicht zwischen armen
und reichen Nationen. Für ärmere bzw. Entwicklungsländer ist gut dokumentiert, dass der Anstieg von Wohlstand innerhalb der Bevölkerung mit einem
starken Rückgang der Geburtenrate und einer Erhöhung des Erstgebärendenal-
ters einhergeht (z. B. Mauldin et al., 1978; Robey et al., 1993), während in
reichen bzw. entwickelten Ländern der Einfluss von Wohlstand geringer wird
und andere Faktoren das Geburtenverhalten bestimmen (z. B. Sobotka, 2017). In
Bezug auf die vorliegenden Analyseergebnisse kann somit festgehalten werden,
dass die Wohlstandshypothese im Längsschnitt vor allem für *reiche* Länder nicht
bestätigt werden kann. *Schulische Leistungen.* Die Ergebnisse der Querschnittsanalyse bestätigen den aktuellen Forschungsstand, nach dem höherer Wohlstand
mit besseren schulischen Leistungen einhergeht (z. B. in Chmielewski & Reardon, 2016; Daniele, 2021; Degenhardt et al., 2008). Der aktuelle Forschungstand
wird darüber hinaus um das Ergebnis der Längsschnittanalyse erweitert, nach der
eine Zunahme des Wohlstands in reichen Ländern nicht signifikant mit besseren
schulischen Leistungen einhergeht. *Wahlbeteiligung.* Die vorliegenden Ergebnisse
bestätigen, spezifizieren und erweitern den aktuellen Forschungsstand. Im Länderquerschnitt kann der von Jensen und Jespersen (2017) für 30 europäische Länder
festgestellte positive Zusammenhang zwischen höherem Wohlstand und höheren
Wahlbeteiligungen auch für die vorliegende, globalere Auswahl reicher Länder bestätigt werden. Die Längsschnittergebnisse bestätigen den von Jungkunz
und Marx (2021) herausgestellten *nicht* signifikanten Zusammenhang zwischen
Wohlstand und Wahlbeteiligung für ein Vielfach größeres Länderset sowie einen
deutlich größeren Untersuchungszeitraum. In Bezug auf die politische Praxis wird
hier ein interessantes Spannungsverhältnis offengelegt: Während die Sicherung
und Vermehrung von Wohlstand ein traditionell bedeutendes Wahlkampfthema in
vielen Ländern darstellt, scheint sich die tatsächliche Erhöhung von Wohlstand
über die Zeit nicht durch eine höhere Wahlbeteiligung auszuzeichnen. Indessen
ist die Wahlbeteiligung über den dreißigjährigen Untersuchungszeitraum hinweg
im Ländermittel sogar um über 11 Prozentpunkte abgesunken. Der dagegen signifikante Längsschnitteffekt der Einkommensungleichheit deutet in diesem Kontext

darauf hin, dass nicht mangelnder Wohlstand, sondern die Verringerung der Auf- und Abstiegschancen an den gesellschaftlichen Rändern die Entscheidung für oder gegen eine Beteiligung an Wahlen maßgeblich beeinflusst. Die Elite hält sich unerschütterlich an der Spitze, während die Aufstiegschancen der Unterschicht in die untere Mittelschicht verhältnismäßig gering sind. Vor dem Hintergrund der sozialen Gestaltungskompetenz politischer Systeme und der Manifestierung dieser Ungleichheit über die Zeit scheint es wenig verwunderlich, dass sich Menschen von der Politik abwenden und ihr Wahlrecht nicht in Anspruch neh- men (Mau & Schöneck, 2015). Hier braucht es weitere Forschung, um diesen Zusammenhang besser zu verstehen.

5.3 Verschärfung sozialer Probleme durch ethnische Fraktionalisierung

Die Studie von Saunders und Evans (2010) wurde als zweite direkte Antwort auf Wilkinson und Picketts *Spirit Level Theory* vorgestellt. Sie stellt den Ein- fluss historisch gewachsener kultureller bzw. ethnischer Charakteristika auf das Ausmaß sozialer Probleme heraus. Diese seien ihrer Auffassung nach als *cultu- ral disadvantages* sowohl der Einkommensungleichheit als auch dem Wohlstand vorgelagert und werden über die ethnische Fraktionalisierung einer Gesellschaft erfasst. Vor dem Hintergrund ihrer Forschung wurde erwartet, dass in rei- chen Gesellschaften eine stärkere ethnische Fraktionalisierung unabhängig von Einkommensungleichheit und Wohlstand mit einem höheren Ausmaß sozialer Probleme einhergeht (H3). Aus den Ergebnissen der Querschnittsanalysen geht hervor, dass H3 für *drei* der fünf untersuchten sozialen Probleme angenom- men werden kann: für das Ausmaß an Gewalt, die Zahl der Inhaftierungen und Teenagerschwangerschaften. Die Längsschnittergebnisse zeigen im Kon- trast zur Hypothese, dass eine Zunahme der ethnischen Diversität lediglich mit einer Zunahme der Wahlbeteiligung einhergeht. Für die übrigen vier untersuch- ten sozialen Probleme konnten dagegen keine signifikanten Längsschnitteffekte festgestellt werden. In Bezug auf die *Spirit Level Theory* zeigen die Forschungs- ergebnisse, dass der eindimensionale Ansatz von Wilkinson und Pickett neben dem Einfluss von Wohlstand auch den Einfluss der ethnischen Fraktionalisie- rung auf das Ausmaß der untersuchten sozialen Probleme unberücksichtigt lässt. Dass die festgestellten Zusammenhänge sogar unter der Kontrolle auf Ein- kommensungleichheit *(und Wohlstand)* ihre statistische Signifikanz behaupten, verdeutlicht außerdem, dass der verschärfende Einfluss ethnischer Fraktiona- lisierung auf die entsprechenden Probleme zumindest nicht vollständig durch

Einkommensungleichheit *(oder Wohlstand)* mediiert wird. Es handelt sich also um einen eigenständigen, soziokulturellen Einflussfaktor, welcher zukünftig weiterer Forschung bedarf. Des Weiteren muss ein kritischer Blick auf die Studie von Saunders und Evans (2010) gerichtet werden. Zwar lenkt sie die Aufmerksamkeit der *Spirit Level* Debatte auf einen wichtigen weiteren Einflussfaktor, unterliegt aber ähnlichen methodologischen Problemen wie Wilkinson und Pickett, kann aufgestellte Hypothesen nicht adäquat bestätigt und verfolgt darüber hinaus eine eigene voreingenommene politische Agenda. Sie bezeichnen Wilkinson und Pickett als *„left-wing Utopians"* (S. 121) und postulieren aus kulturalistischer Perspektive einen kausalen Zusammenhang zwischen historischen und kulturellen Einflussfaktoren, sozialem Zusammenhalt und der daraus resultierenden Betroffenheit von sozialen Problemen – ohne diesen jedoch empirisch zu bestätigen. Um diese Behauptung zu überprüfen, bedarf es weiterer Forschung. Außerdem empfiehlt sich für zukünftige Studien, den von Wilkinson und Pickett beschriebenen zentralen Mediator Statusängste auch im Zusammenhang zwischen ethnischer Fraktionalisierung und sozialen Problemen zu überprüfen.

In Bezug auf den aktuellen Forschungsstand können bisherige Erkenntnisse sowohl bestätigt als auch ergänzt, präzisiert und widerlegt werden. *Gewalt.* Der von Blau und Blau 1982 und Altheimer 2008 herausgestellte positive Zusammenhang von ethnischer Fraktionalisierung und Gewalt auf der Länderebene kann durch die vorliegenden Analyseergebnisse für 40 wohlhabende Länder bestätigt werden. Der in den Längsschnittstudien von Stamatel (2009) und de Soysa und Noell (2020) festgestellte signifikante Zusammenhang zwischen zunehmender ethnischer Fraktionalisierung und zunehmender Gewalt kann dagegen nicht bestätigt werden. Stamatel betrachtet jedoch europäische Länder zwischen 1990 und 2003, wodurch seine Ergebnisse unter dem Eindruck des Zerfalls des Ostblocks und den umfangreichen Migrationsbewegungen der 1990er Jahre stehen. Die Resultate der vorliegenden Studie stellen somit ein interessantes Update Stamatels Arbeit in Form dessen Falsifikation vor dem Hintergrund eines längeren Untersuchungszeitraums und einer geographisch diverseren Länderauswahl dar. De Soysa und Noell untersuchen 140 Länder zwischen 1995 und 2013 und finden einen Zusammenhang in Gestalt eines umgekehrten U. Sie schließen daraus, dass nicht ethnische Diversität zu Problemen führt, sondern ethnische Dominanz und Polarisierung. Ihre Länderauswahl besteht aus armen und reichen Nationen, was darauf schließen lässt, dass die vorliegenden Studienergebnisse diesen Zusammenhang für ausschließlich *reiche* Länder nicht bestätigen kann. Hier braucht es weitere Forschung, um zu überprüfen, welche Faktoren diesen Unterschied erklären. *Inhaftierungen.* Die Forschungsergebnisse bestätigen den in vorherigen

Studien herausgearbeiteten positiven Zusammenhang zwischen ethnischer Fraktionalisierung und der Inhaftierungsrate im Länderquerschnitt. Während Ruddell (2004) den Zusammenhang in einem Set aus 100 ökonomisch diversen Ländern feststellt und Urbina und Ruddell (2005) sogar für 140 Länder, zeigen die vorliegenden Ergebnisse, dass der Effekt auch dann besteht, wenn ausschließlich *reiche* Nationen untersucht werden. Darüber hinaus füllen die Ergebnisse der Längsschnittanalyse eine Lücke in der makrosoziologischen Erforschung von Inhaftierungen. Sie zeigen, dass die Veränderung der ethnischen Fraktionalisierung innerhalb der 40 Länder über die letzten dreißig Jahre mit keiner signifikanten Veränderung der Inhaftierungsraten einherging. Hier liegen Potentiale für zukünftige Forschung, diesen *in*signifikanten Zusammenhang genauer zu kontextualisieren. *Teenagerschwangerschaften.* Die Ergebnisse der Querschnittsanalyse bestätigen den von Imamura et al. (2007) herausgestellten positiven Zusammenhang zwischen Teenagerschwangerschaften und ethnischer Fraktionalisierung in fünf westlichen Demokratien für ein weitaus größeres Länderset 40 *reicher* Nationen. Dagegen konnte der durch Christoffersen und Hussain (2008) im Längsschnitt und ausschließlich für Dänemark herausgearbeitete positive Zusammenhang der beiden Größen für das vorliegende Länderset nicht bestätigt werden. Die Veränderung der ethnischen Diversität in reichen Ländern hat dementsprechend keine signifikanten Auswirkungen auf ihre Teenagerschwangerschaftsraten unter der Kontrolle auf Wohlstand und Einkommensungleichheit. *Schulische Leistungen.* Im Gegensatz zu bisherigen Querschnittsstudien, wie z. B. durch Meyer und Schiller (2013) oder Dronkers und van der Velden (2013), zeigen die vorliegenden Ergebnisse, dass der Grad der ethnischen Fraktionalisierung reicher Gesellschaften unter der Kontrolle auf Einkommensungleichheit und Wohlstand *nicht* signifikant mit den schulischen Leistungen ihrer Kinder assoziiert ist. Auch im Längsschnitt zeigt sich in Ergänzung zum aktuellen Forschungsstand kein signifikanter Zusammenhang. *Wahlbeteiligung.* Der aktuelle Forschungsstand zum Einfluss der ethnischen Fraktionalisierung auf die Wahlbeteiligung stellt unterschiedliche Effektrichtungen der beiden Größen heraus und liefert passend dazu zwei unterschiedliche Erklärungen. Kouba et al. (2021) finden einen positiven Zusammenhang und erklären diesen konflikttheoretisch über ein höheres Interesse an Wahlen als Ausdruck von Verteilungskämpfen. Martinez i Coma und Nai (2017) finden einen negativen Zusammenhang in 23 europäischen und asiatischen Ländern und erklären diesen im Kontext von Schattschneiders (1960) Einkommensungleichheitshypothese. Die vorliegenden Ergebnisse zeigen *keinen* signifikanten Zusammenhang im Länderquerschnitt und einen *positiven* Zusammenhang im Länderlängsschnitt, jeweils unter der Kontrolle von Einkommensungleichheit und Wohlstand. Damit widersprechen sie den Resultaten von

Martinez i Coma und Nai (2017) und stützen die Studienergebnisse von Kouba et al. (2021). Dieser positive Zusammenhang kann Ausdruck zunehmender Verteilungskämpfe um Ressourcen und Mitbestimmung in ethnisch diverser werdenden Gesellschaften sein. Entsprechend steigt der Wert der eigenen Stimmabgabe sowohl für Personen, die Teilhabe einfordern, als auch für Personen, welche die eigenen kulturellen Privilegien (Bourdieu, 2021) sichern wollen. Entsprechend steigen das Interesse und die Beteiligung an Wahlen. Hier bestehen Potentiale für weitere Forschung.

5.4   Vertrauen als dämpfender Einflussfaktor

Vertrauen wird in der *Spirit Level Theory* als soziales Problem verhandelt. In der empirischen Ungleichheitsforschung erfüllt die Variable jedoch die Rolle eines klassischen Mediators (z. B. in Kragten & Rözer, 2017) und wird überdies auch als eigenständiger Einflussfaktor intensiv diskutiert (z. B. durch Sztompka, 1999). Vor diesem Hintergrund wurde Vertrauen als abhängige Variable in die vorliegende Analyse aufgenommen. In Bezug auf Theorie und Forschungsstand wurde erwartet, dass höheres Vertrauen in reichen Gesellschaften *ceteris paribus H3*, also unabhängig von Einkommensungleichheit und Wohlstand, mit einem geringeren Ausmaß sozialer Probleme einhergeht (H4). Die Ergebnisse zeigen, dass die Hypothese für *zwei* der fünf untersuchten sozialen Probleme im Länderquerschnitt – schulische Leistungen und Wahlbeteiligung – und für *drei* der fünf Probleme im Längsschnitt – schulische Leistungen, Wahlbeteiligung und Inhaftierungen – bestätigt werden kann. Aus den Ergebnissen im Kontext der Inhaftierungsraten geht interessanterweise hervor, dass die einfachen ökologischen Korrelationen signifikant negative Zusammenhänge über den gesamten Untersuchungszeitraum hinweg schätzen. Unter der Kontrolle auf Einkommensungleichheit und Wohlstand im multivariaten Regressionsmodell wird dieser Zusammenhang jedoch insignifikant. In Bezug auf die *Spirit Level Theory* verdeutlicht dieser Unterschied der bi- und multivariaten Analyseergebnisse noch einmal die Relevanz fortgeschrittener Analyseverfahren, um Fehlschlüsse zu vermeiden. Außerdem sollte zukünftige Forschung noch einmal genauer untersuchen, ob die festgestellten Zusammenhänge über das Ausmaß der Statusängste mediiert werden.

   In Bezug auf den aktuellen Forschungsstand können bisherige Ergebnisse sowohl gestützt als auch widerlegt werden. *Gewalt.* Die Forschungsergebnisse zeigen klar, dass Gewalt und Vertrauen in reichen Ländern weder im Quer- noch im Längsschnitt miteinander zusammenhängen. Damit stehen sie im Widerspruch zu den Ergebnissen von Elgar und Aitken (2011), die einen negativen Zusammenhang zwischen Vertrauen und Morden für 33 westliche Länder aufzeigen konnten. Eine Erklärung für das abweichende Ergebnis können Unterschiede in der Länderauswahl und der fehlende Ausschluss von Ausreißern in der Analyse von Elgar und Aitken sein. So wurden in der vorliegenden Analyse negative Korrelationskoeffizienten lediglich für das unbereinigte Länderset geschätzt. Für Theorie und Praxis bedeuten die vorliegenden Ergebnisse, dass das Vertrauenslevel innerhalb einer Gesellschaft sowie dessen Veränderung erst einmal keinen direkten Einfluss auf das Ausmaß der Gewalt innerhalb reicher Länder hat. *Inhaftierungen.* Die Ergebnisse der einfachen ökologischen Korrelationen scheinen den von Lappi-Seppälä (2011) herausgestellten negativen Zusammenhang zwischen Vertrauen und Inhaftierungen zu bestätigen. Die Resultate der multivariaten Regressionsanalyse zeigen jedoch, dass dieser Zusammenhang gegen den Einfluss von Einkommensungleichheit und Wohlstand im Länderquerschnitt nicht bestehen kann. Dagegen zeigt sich im Längsschnitt der dämpfende Effekt von Vertrauen. Dessen Zunahme über die Zeit geht unabhängig von Einkommensungleichheit und Wohlstand mit einer Verringerung der Inhaftierungsraten in reichen Ländern einher. Es braucht zukünftig weitere Arbeit, um zu überprüfen, ob dieser Zusammenhang tatsächlich Ausdruck einer verringerten Tendenz des politischen und Rechtssystems zu expressiven Gesten und harten Bestrafungen ist. *Teenagerschwangerschaften.* Der Forschungsstand zeigt wenig einschlägige makrosoziologische Studien zum Einfluss des Vertrauens auf Teenagerschwangerschaften. Einige Studien, wie z. B. Crosby und Holtgrave (2006) oder God et al. (2002), verweisen auf die Rolle von Sozialkapital und Vertrauen als zentrale Mediatoren zwischen Einkommensungleichheit und Teenagerschwangerschaften. Die vorliegenden Ergebnisse können diese Resultate nicht stützen, da weder Einkommensungleichheit noch Vertrauen signifikant mit der Teenagerschwangerschaftsrate in reichen Ländern assoziiert zu seien scheinen. Entsprechend erweitert die vorliegende Arbeit den Forschungsstand mit dieser Erkenntnis. *Schulische Leistungen.* Bisherige Forschungsarbeiten stellen immer wieder signifikante positive Zusammenhänge zwischen dem sozialen Vertrauen und schulischen Leistungen bzw. dem Bildungsstand heraus (z. B. in Borgonovi & Pokropek, 2017; Delhey & Newton, 2003; Fuller, 2014; Knack & Keefer, 1997). Die Mehrzahl dieser Studien untersuchen jedoch häufig das Ausmaß von Vertrauen zwischen oder innerhalb von Gesellschaften und ziehen vor dem Hintergrund stark rezipierter Theorien (z. B. Putnam, 2000 oder Sztompka, 1999) den Bildungsstand als erklärende Variable heran. Nur wenige Studien untersuchen dagegen Vertrauen als Einflussfaktor gegenüber schulischen Leistungen, wie z. B. Sum und Bădescu

(2018) oder John (2005). Sum und Bădescu argumentieren, dass das soziale Vertrauen die kooperativen Fähigkeiten der Schüler*innen positiv beeinflusst und dadurch ihre schulischen Leistungen steigern kann. Die vorliegenden Resultate der Quer- und Längsschnittanalyse scheinen diesen Zusammenhang zu stützen. In wohlhabenden Ländern geht ein höheres Vertrauenslevel mit besseren schulischen Leistungen einher. Überdies führt dessen Anstieg zu einer Verbesserung der Leistungen. Um die Mechanismen hinter diesen Zusammenhängen besser zu verstehen, sind weitere Arbeiten erforderlich. *Wahlbeteiligung.* Vor dem Hintergrund von Theorie (Sztompka, 1999) und Forschungsstand (z. B. Delhey & Newton, 2005; Hadjar & Beck, 2010; Letki, 2004; Newton, 2001; Putnam, 2000) wurde ein positiver Zusammenhang zwischen Vertrauen und der Wahlbeteiligung erwartet. Diese Annahme wird durch die vorliegenden Ergebnisse der Quer- und Längsschnittanalysen gestützt. In reichen Ländern geht ein höheres Vertrauenslevel mit höheren Wahlbeteiligungen einher. Darüber hinaus ist auch der Anstieg des Vertrauens im Zeitverlauf mit einem Anstieg der Wahlbeteiligung assoziiert. Eine mögliche theoretische Erklärung für diesen Zusammenhang liefert Sztompka (1999, S. 59) durch seine konzeptionelle Feststellung, dass hinter jeder Form des Vertrauens – egal ob persönlich, kategorisch, positionsbezogen, gruppenbezogen, institutionell, kommerziell oder systemisch – immer eine ursprüngliche Form des Vertrauens in Menschen und ihr Handeln steht. Demnach stellen sich Vertrauen in andere Menschen und Vertrauen in Wahlen, Parteien, Politiker*innen und Demokratie als zwei Seiten derselben Medaille heraus und offenbaren einen direkten Zusammenhang: Wer anderen Menschen und ihren Handlungen vertraut, vertraut auch eher Politiker*innen und ihren Handlungen bzw. Wahlen und ihren Auswirkungen. Die vorliegende Studie zeigt, dass über die vergangenen Jahre die Wahlbeteiligung in fast allen untersuchten Ländern abgenommen hat. Diese Entwicklung hat krisenhafte Auswirkungen auf die Demokratie und wird intensiv in Wissenschaft, Medien und Politik diskutiert (exemplarisch in A. Schäfer, 2015). In Theorie und Praxis werden unterschiedliche Ursachen für die abnehmende Wahlbeteiligung und die damit einhergehenden krisenhaften Auswirkungen für die Demokratie diskutiert (z. B. A. Schäfer, 2015). Medien berichten in diesem Zusammenhang häufig von einer Abnahme des Vertrauens der Bürger*innen in Parteien, Parlamente und Politiker*innen. Die vorliegenden Studienergebnisse legen dagegen nahe, dass dieses Problem tiefer verwurzelt bzw. Ausdruck eines *generelleren* Vertrauensverlusts der Bürger*innen in ihre Mitmenschen und deren Handeln ist. Sie implizieren für die soziale und politische Praxis, dass das generelle Vertrauen innerhalb von Gesellschaften gestärkt werden muss, damit Bürger*innen ihr Vertrauen auch an der Wahlurne aussprechen. Potentiale für zukünftige Forschung liegen darin, den Zusammenhang zwischen Vertrauen und

der Wahlbeteiligung z. B. im Vergleich zwischen kollektivistischen und individua-
listischen Gesellschaften (Hofstede, 2011) zu überprüfen. Vor dem Hintergrund
unterschiedlich weiter bzw. enger Vertrauensradien (Delhey et al., 2011; van
Hoorn, 2015) können interessante Erkenntnisse mit Blick auf die Varianz der
Wahlbeteiligung erwartet werden.

5.5   Werteklima: Geringer Einfluss durch Messprobleme?

Zuletzt wurde das gesellschaftliche Werteklima als Einflussfaktor auf das Ausmaß sozialer Probleme in reichen Gesellschaften in die Analyse aufgenommen.
Kollektive Werteinstellungen bleiben in der *Spirit Level Theory* unberücksichtigt, obwohl anzunehmen ist, dass diese einen wesentlichen Einfluss auf das
Statusstreben und Statusängste haben. Vor dem Hintergrund Ingleharts (1971,
2015) Theorie eines postmaterialistischen Wertewandels wurde erwartet, dass
materialistischere Gesellschaften *ceteris paribus H3* stärker von sozialen Problemen betroffen sind (H5). Die Ergebnisse der Datenanalyse zeigen, dass ein
materialistisches Werteklima lediglich im Länderquerschnitt mit einer höheren
Inhaftierungsrate einhergeht. Davon abgesehen konnten keine weiteren signifikanten Zusammenhänge festgestellt werden. Somit kann H5 nur für *eins* der fünf
untersuchten sozialen Probleme bestätigt werden. Damit ist das gesellschaftliche
Werteklima in der vorliegenden Operationalisierung der mit Abstand schlechteste
Prädiktor für soziale Probleme in der vorliegenden Arbeit. Diese Ergebnisse können in zwei Richtungen interpretiert werden. Einerseits besteht die Möglichkeit,
dass das gesellschaftliche Werteklima unabhängig von Einkommensungleichheit und Wohlstand einfach keinen signifikanten Einfluss auf den Großteil der
untersuchten sozialen Probleme besitzt. Unklar und damit Aufgabe für weitere
Arbeiten bleibt im Kontext der vorliegenden Analyse das Verhältnis zwischen
dem Werteklima und Statusängsten als vermittelnder Mechanismus. Andererseits
kann die Dysfunktionalität des Werteklimas als Prädiktor sozialer Probleme durch
dessen Messung und Operationalisierung beeinflusst sein. Das Werteklima wurde
über den 1999 von Inglehart und Abramson ausgearbeiteten und validierten 4-
Item Postmaterialismusindex erfasst und als Materialismusrate, also dem Anteil
der Materialist*innen geteilt durch den der Postmaterialist*innen innerhalb eines
Landes, operationalisiert. Vor diesem Hintergrund besteht zum einen die Möglichkeit, dass diese Operationalisierung das latente Konstrukt des gesellschaftlichen
Werteklimas zu unterkomplex abbildet. Zum anderen besteht in Bezug auf die
Materialismusrate das Problem, dass sie lediglich das Verhältnis zwischen Mate-
rialist*innen und Postmaterialist*innen abbildet und nicht die absolute Anzahl

der beiden Typen. Außerdem schließt das Konstrukt die Mischtypen, also Personen mit gemischten materialistischen und postmaterialistischen Einstellungen, kategorisch aus der Analyse aus. Hier braucht es weitere Forschung, um diese methodologischen Schwierigkeiten zu überwinden. So sollten absolute Zahlen in die Analyse einbezogen werden und weitere Möglichkeiten der Operationalisierung des gesellschaftlichen Werteklimas in Betracht gezogen werden. Indessen wird der Forschungsstand durch eine Reihe neuer Erkenntnisse ergänzt: *Gewalt.* In der Vergangenheit konnten einzelne Studien, wie z. B. Altheimer (2016) oder Lin und Mancik (2020), einen positiven Zusammenhang zwischen kompetitiv-materialistischen Einstellungen und einem höheren Ausmaß an Gewalt herausstellen. Andere Studien, wie z. B. von Chon (2017), fanden keinen signifikante Zusammenhang. Die vorliegenden Ergebnisse stützen die Erkenntnis *keines* signifikanten Zusammenhangs. Eine mögliche Ursache für diese Varianz sind unterschiedliche Messverfahren und Ländersets. *Inhaftierungen.* Die vorliegenden Ergebnisse der Querschnittsanalyse füllen eine Lücke der empirischen Sozialforschung. Sie legen nahe, dass Unterschiede im gesellschaftlichen Werteklima einen Einfluss auf die Bestrafungskultur reicher Länder besitzen. So sind die Inhaftierungsraten in den Ländern höher, die durch ein materialistischeres Werteklima gekennzeichnet sind. Für ein besseres Verständnis dieses Zusammenhangs ist weitere Forschung notwendig. *Teenagerschwangerschaften.* Die Recherche zum Thema hat gezeigt, dass kaum makrosoziologische Studien zum Thema existieren. In einem ähnlichen Forschungsunternehmen hat Mackenback (2014) einen negativen Zusammenhang zwischen Ingleharts (2007) weiterführender Konzeption emanzipativer Werteinstellungen und der Anzahl an Teenagerschwangerschaften für 42 europäische Länder festgestellt. Die vorliegenden Resultate zeigen dagegen keinen signifikanten Zusammenhang zwischen dem gesellschaftlichen Werteklima und der Teenagerschwangerschaftsrate vor dem Hintergrund dessen Operationalisierung als Materialismusrate. Dieses Ergebnis ergänzt den kleinen Forschungsstand abermals um die Erkenntnis, dass die Feststellung statistisch signifikanter Effekte von der Messung des gesellschaftlichen Werteklimas abhängig ist. *Schulische Leistungen.* Viele Studien stellen einen positiven Zusammenhang zwischen Werteinstellungen und Bildung heraus. In der Werteforschung wird Bildung traditionell als Einflussfaktor verhandelt, wie z. B. in Inglehart (1971), Abramson und Inglehart (1994) oder Rözer et al. (2022). Die vorliegende Arbeit untersucht jedoch den Einfluss von Werteinstellungen auf die schulischen Leistungen, vertauscht also die abhängige und unabhängige Variable in der analytischen Konzeption. Diese Perspektive wird bisher nur von wenigen Studien eingenommen und überprüft. Feldmann (2020) stellt heraus, dass Postmaterialist*innen Bildung einen höheren Stellenwert zuweisen, Sørensen et al. (2016), dass sich postmaterialistische Einstellungen über den Erziehungsstil der Eltern positiv auf die schulischen Leistungen ihrer Kinder auswirken. Diesen Zusammenhang stellen sie jedoch auch für Eltern mit materialistischen Einstellungen heraus, solang diese Bildungserfolg mit langfristiger ökonomischer Sicherheit assoziieren. Die vorliegenden Studienergebnisse erweitern diesen Forschungsstand um die Erkenntnis, dass das bloße Verhältnis zwischen Materialist*innen und Postmaterialist*innen innerhalb einer Gesellschaft allein noch keinen signifikanten Effekt auf die schulischen Leistungen zeigt. Es müssen zukünftig weitere Untersuchungen durchgeführt werden, um den Zusammenhang zwischen Werteinstellungen bzw. Werteklima und den schulischen Leistungen besser zu verstehen. In diesem Kontext sollte auch der Einfluss von Schulen und Schulsystemen untersucht werden. *Wahlbeteiligung.* Ein Großteil bisheriger Studien, wie z. B. Crepaz (1990), Hadjar und Beck (2010) oder Stockemer (2015), konnten zeigen, dass postmaterialistische Einstellungen mit höherer Wahlbeteiligung einhergehen. Vereinzelte Arbeiten finden einen konträren Zusammenhang, wie z. B. Theocharis (2011). Vor dem Hintergrund der Theorie (Inglehart & Abramson, 1995) lassen sich beide Effektrichtungen erklären: Einerseits als Ausdruck eines gesteigerten Interesses an Mitsprache seitens der Postmaterialist*innen, andererseits als Folge einer Abwendung von klassischen Formen der Mitbestimmung, wie z. B. von Wahlen, und Hinwendung zu neuen. Studien, die den Einfluss des gesamtgesellschaftlichen Werteklimas auf die Wahlbeteiligung untersuchen, sind dagegen rar. Die vorliegenden Resultate der Quer- und Längsschnittanalysen erweitern den Forschungsstand in Bezug auf diese Forschungslücke. Sie stellen heraus, dass die Materialismusrate als Proxy für das Werteklima weder im Quer- noch im Längsschnitt signifikant mit der Wahlbeteiligung assoziiert ist. Vor dem Hintergrund der großen Popularität, die Wertvorstellungen in der politischen und medialen Debatte besitzen, ist dies ein interessantes Ergebnis. Die Hauptgründe für die über Jahrzehnte sinkende Wahlbeteiligung in reichen Ländern müssen dementsprechend woanders liegen. Es braucht zukünftig weitere Forschung, um diese Erkenntnis gegenüber den beschriebenen methodologischen Schwierigkeiten noch einmal abzusichern.

5.6 Forschungslimitationen

Limitationen durch Daten und Interpolation
Der Historical Index of Ethnical Fractionalization (HIEF) ist ein etabliertes Instrument zur Messung der ethnischen Fraktionalisierung in makrosoziologischen Untersuchungen. Trotz verfügbarer Daten für 165 Länder fehlt der HIEF für

Frankreich, Hong Kong, Island, Luxemburg und Malta, da in diesen Nationen die für die Bildung des Index notwendigen Items in nationalen Surveys nicht erhoben werden, daher können für diese fünf Länder keine Aussagen in Bezug auf Hypothese 3 getroffen werden. Zudem verändert sich in den entsprechenden OLS- und TWFE-Regressionsmodellen (Modell 4) die Fallzahl, was den Vergleich mit den übrigen Modellen erschwert. Es braucht weitere Forschung, um diese Datenlücken zukünftig adäquat zu schließen. Da die HIEF-Daten jedoch nur bis 2013 erhoben wurden, mussten Daten für den Zeitraum zwischen 2013 und 2020 extrapoliert werden (Anhang 5 im elektronischen Zusatzmaterial). Veränderungen der ethnischen Fraktionalisierung, z. B. durch den Effekt der starken Flucht- und Migrationsbewegung nach Europa (ab 2015) oder der restriktiven Migrationspolitik der USA unter Donald Trump (2017 bis 2021), wurden daher nicht angemessen erfasst. Weitere Limitationen ergeben sich im Zusammenhang mit den Länderdaten zur Messung des Vertrauens und Werteklimas aus dem European- und World Value Survey. Aufgrund der aufwendigen Erhebungsverfahren stehen im Vergleich zu den übrigen Daten weniger Länderbeobachtungen für die Zeitreihenanalyse zur Verfügung. Für den Großteil der Länderauswahl stehen vier bis neun Erhebungen zur Verfügung, welche sich gleichmäßig zwischen 1990 und 2020 verteilen und eine gute Grundlage für das Interpolationsverfahren bilden (Anhang 3 und 4 im elektronischen Zusatzmaterial). Einige Länder, wie z. B. Hong Kong oder Trinidad und Tobago, haben jedoch nur zwei oder drei Mal im Untersuchungszeitraum an den Surveys teilgenommen, auf deren Grundlage dann die Daten für die übrigen 29 Zeitpunkte interpoliert wurden. Vor diesem Hintergrund müssen bestimmte Ergebnisse kritisch betrachtet werden. Das verwendete Interpolationsverfahren ist zwar einerseits innovativ, geht jedoch andererseits mit drei dem Verfahren inhärenten Problemen einher: (1) Interpolierte Datenpunkte sind geschätzte Werte und müssen vor dem Hintergrund der Anzahl und Verteilung der erhobenen Werte stets mit Vorsicht interpretiert werden; (2) Im Zusammenhang mit den oben beschriebenen Problemen zu geringer und ungünstig verteilter Datenpunkte wurden unplausible Nullstellen interpoliert (z. B. 0 Vertrauen in Uruguay 2020); (3) In seltenen Fällen produziert die Interpolation von Werten entlang des HDIs starke Kurven, vor allem in osteuropäischen Ländern in den 90er Jahren (z. B. Materialismusrate Litauens in den Jahren 1992 bis 1997). Eine mögliche Ursache können die umfangreichen Entwicklungsprozesse im Kontext des zerfallenden Ostblocks sein, welche sich über den HDI stark auf das Interpolationsverfahren auswirken.

Konzeptionelle Limitationen und Verzerrung durch ausgelassene Variablen
Die vorliegende Studie prüft den direkten Zusammenhang zwischen den fünf
relevanten Einflussfaktoren auf das Ausmaß der jeweiligen sozialen Probleme.
Ob und in welchem Ausmaß Statusstress und Statusängste, wie von Wilkinson
und Pickett (2016 [2010]) angenommen, die Effekte mediieren, kann anhand der
multivariaten Regressionsmodelle nicht beurteilt werden. Zukünftige Forschung
sollte diesen Mediationseffekt weiter empirisch überprüfen. Eine weitere konzeptionelle Limitation wurde bereits oben in Bezug auf eine mögliche unterkomplexe
Erfassung des gesellschaftlichen Werteklimas über die Materialismusrate erörtert.
Die Materialismusrate hat zwei wesentliche Nachteile: (1) Ihre Konzeption auf
der Grundlage des 4-Item Postmaterialismusindex von Inglehart und Abramson
(1994) schließt Bevölkerungsgruppen mit gemischten Einstellungen kategorisch
aus; (2) Als Verhältnismaß verliert sie an Aussagekraft über die tatsächliche
Größe der Bevölkerungsgruppen mit entsprechend materialistischen oder postmaterialistischen Einstellungen. Zukünftige Arbeiten müssen zeigen, ob alternative
Operationalisierungen des gesellschaftlichen Werteklimas die Resultate der vorliegenden Studie bestätigen oder falsifizieren können. Weiterhin deuten zwei
statistische Auffälligkeiten darauf hin, dass die geschätzten Regressionsmodelle
durch ausgelassene unabhängige Variablen verzerrt sein können: (1) Trotz der
Kontrolle auf Autokorrelation durch die Aufnahme der Jahresvariable in die
gepoolten OLS- und TWFE-Modelle, der Schätzung robuster Cluster (pooled
OLS) und robuster Standardfehler (bzgl. TWFE) sowie der Feststellung geringer
Multikollinearität (bzgl. OLS, VIF < 5) liegt im Großteil der Regressionsmodelle
Heteroskedastizität vor; (2) Einige TWFE-Modelle zeigen hohe Korrelationen
zwischen den Residuen und der unbeobachteten Heterogenität was darauf hin-
deutet, dass relevante Variablen zur Erklärung der Veränderung sozialer Probleme
im Zeitverlauf in den Modellen unberücksichtigt blieben. Zusammengenommen
deuten die Probleme auf einen *omitted-variable bias* hin. Zukünftige Studien sollten weitere relevante Einflussfaktoren berücksichtigen, um die Ursachen für das
Ausmaß sozialer Probleme in reichen Ländern zu klären. Es muss jedoch festgehalten werden, dass das Ziel der vorliegenden Arbeit nicht die bestmögliche
Erklärung der untersuchten sozialen Probleme, sondern die Überprüfung traditio-
neller Hypothesen der empirischen Sozialforschung war. In dieser Hinsicht stützt
der *omitted-variable bias* sogar die wesentliche Erkenntnis der vorliegenden Studie, nach der das Ausmaß sozialer Probleme – entgegen der Behauptung von
Wilkinson und Pickett – eben nicht durch einen einzelnen zentralen Mechanismus
hinreichend erklärt werden kann. Abschließend muss auf ein typisches Problem
der Analyse aggregierten Länderdaten hingewiesen werden: Im Vergleich zu Indi-
vidualdaten zeigen sie ein geringeres Ausmaß an Variation auf, da sie durch

eine gewisse zeitliche Konstanz gekennzeichnet sind. Die geringen Veränderungen der untersuchten abhängigen und unabhängigen Variablen führen dazu, dass
die Koeffizienten der TWFE-Regressionen im Vergleich zu denen der gepoolten
OLS-Regressionen überwiegend deutlich kleiner und in vielen Modellen sogar
insignifikant sind.

Trotz der genannten Limitationen leistet die vorliegenden Studienergebnisse
einen bedeutenden Beitrag zur Debatte um die sozialen Auswirkungen von Einkommensungleichheit in wohlhabenden Ländern. Seit der ausdrucksstarken aber
problembehafteten Veröffentlichung der *Spirit Level Theory*, welche in ihrer
Eindimensionalität vehement für eine Gleichverteilung von Einkommen und
Wohlstand argumentiert, gab es verschiedene wissenschaftliche Gegenreden, die
ähnlich voreingenommen Wilkinson und Picketts (2016 [2010]) Argumente scharf
in Frage stellen und auf andere eindimensionale Erklärungen, wie Wohlstand
(Snowdon, 2010) oder ethnische Fraktionalisierung (Saunders & Evans, 2010),
verweisen.

Durch die Verdopplung der Länderauswahl, die Überwindung der analytischen Eindimensionalität, die Untersuchung zeitlicher Veränderungen sowie die
Erweiterung des Sets untersuchter Probleme um das neue Problem niedriger
Wahlbeteiligungen adressieren die vorliegenden Studienergebnisse das Hauptpro-
blem der Debatte und präzisieren überdies den umfangreichen Forschungsstand
zu den Trends und Determinanten sozialer Probleme in reichen Ländern. Eine
weitere Stärke des methodischen Vorgehens besteht im Verzicht einer Indexbildung, wodurch dezidierte Aussagen zu den einzelnen sozialen Problemen
getroffen werden können. Auch Delhey und Steckermeier (2019) untersuchen die
Einkommensungleichheitshypothese für soziale und gesundheitliche Probleme für
ein ähnliches Länderset und im Zeitverlauf (2000–2015), treffen vor dem Hintergrund ihres Index sozialer Probleme jedoch vergleichsweise deutlich allgemeinere
Aussagen. Außerdem kann im Zusammenhang mit Indizes das Problem bestehen,
dass Indikatoren bzw. Dimensionen mit besonders eindeutigen (z. B. theoriekon-
formen) statistischen Ausprägungen statistisch schwache oder uneindeutige (z. B.
theoriekonträre) Indikatoren ausgleichen und somit das Gesamtkonstrukt stark
beeinflussen. Die vorgefundene Heterogenität, mit der die verschiedenen Einflussfaktoren mit einzelnen sozialen Problemen assoziiert sind, stützt dabei den
Verdacht, dass durch die Indexbildung wichtige Informationen verloren gehen.

Fazit 6

Das Ziel der vorliegenden Masterarbeit war es, den Einfluss von Einkommensungleichheit, Wohlstand, ethnischer Fraktionalisierung, Vertrauen und des gesellschaftlichen Wertewandels auf das Ausmaß sozialer Probleme (Gewalt, Inhaftierungen, Teenagerschwangerschaften, niedrige schulische Leistungen, niedrige Wahlbeteiligung) zu überprüfen. Ausgangspunkt der Arbeit ist die kontroverse Debatte um Wilkinson und Picketts *Spirit Level Theory* (2016 [2010]). Sie führt die Betroffenheit wohlhabender Länder von gesundheitlichen und sozialen Problemen auf die Höhe der Einkommensungleichheit zurück. Ihr stark rezipiertes Buch führte zu einer Wiederbelebung der politischen und wissenschaftlichen Diskussion um die Kosten sozialer Ungleichheit, unter anderem wegen ihrer weitgehenden Forderung nach der Gleichverteilung von Einkommen und Wohlstand auf der Grundlage einer empirischen Analyse, die durch starke methodologische Defizite gekennzeichnet ist. Die vorliegende Studienarbeit adressiert die von der Wissenschaftsgemeinde weit diskutierten Probleme (1) ihrer Länderauswahl und der fehlenden Datenbereinigung, (2) ihres Ausblendens weiterer Einflussfaktoren, also der eindimensionalen Versteifung auf einen zentralen Mechanismus sowie (3) das Treffen von Trendaussagen über Veränderungen im Zeitverlauf, ohne diese statistisch angemessen zu modellieren. Außerdem erweitert die vorliegende Studie Wilkinson und Picketts Set untersuchter sozialer Probleme (Gewalt, Inhaftierungen, Teenagerschwangerschaften und niedrigen schulischen Leistungen) um das drängende Problem niedriger Wahlbeteiligung. Durch eine multivariate Aggregatdatenanalyse aus der Quer- und Längsschnittperspektive ist die vorliegende Studie in der Lage, die fünf oben genannten ökonomischen und kulturellen Einflussfaktoren in 40 reichen Ländern über einen Zeitraum von dreißig Jahren gegeneinander zu testen und somit mehr Klarheit in die kontroverse Debatte um Determinanten sozialer Ungleichheit zu schaffen.

M. Gercke, *Trends und Determinanten sozialer Probleme in reichen Ländern*,
BestMasters, https://doi.org/10.1007/978-3-658-39865-1_6

Dafür wurden im ersten Schritt die theoretischen Hintergründe der erwarteten Einflussfaktoren erörtert, Hypothesen aufgestellt und der Forschungsstand
zusammengetragen. Im zweiten Schritt wurde die Auswahl wohlhabender Länder
getroffen, die Einflussfaktoren und sozialen Probleme operationalisiert und dar-
aufhin Aggregatdaten aus 40 wohlhabenden Ländern zwischen 1990 und 2020
aus verschiedenen Datenquellen zusammengetragen. Im dritten Schritt wurden
Datenlücken interpoliert und das Länderset von Ausreißern bereinigt. Danach
wurden die Daten in einer dreiteiligen Analyse ausgewertet: (1) mittels einfacher ökologischer Korrelationen über den Untersuchungszeitraum hinweg in
Anlehnung an Wilkinson und Pickett (ebd.); (2) mittels multivariater gepoolter
OLS-Regressionen, um die Einflussfaktoren im Länderquerschnitt gegeneinander zu testen, und (3) mittels multivariater TWFE-Regressionen, um die Effekte
im Zeitverlauf zu überprüfen. Damit stellt die vorliegende Studie die aktuellste
und umfassendste Überprüfung von Wilkinson und Picketts Erweiterung der
Einkommensungleichheitshypothese für soziale Probleme dar.

Es können vier wesentliche Hauptbefunde durch die Studie herausgestellt
werden:

1. Einkommensungleichheit ist ein Prädiktor für *bestimmte* soziale Probleme. Die
   vorliegenden Ergebnisse finden jedoch keine empirische Evidenz für den von
   Wilkinson und Pickett postulierten zentralen Zusammenhang zwischen Einkommensungleichheit und *allen* gesellschaftlichen Problemen, die durch ein
   soziales Gefälle charakterisiert sind. Einkommensungleichheit *allein* stellt sich
   somit als ungenügender Prädiktor heraus.
2. Vor allem Wohlstand, aber auch die ethnische Fraktionalisierung und das
   Vertrauenslevel innerhalb reicher Gesellschaften stellen sich als relevante Einflussfaktoren auf das Ausmaß *bestimmter* sozialer Probleme heraus – auch
   unabhängig von Effekten der Einkommensungleichheit. Gesellschaftlicher
   Wohlstand ist dabei die einzige Determinante, welche mit *allen* untersuchten sozialen Problemen zumindest im Länderquerschnitt signifikant assoziiert
   ist.
3. Die geschätzten Zusammenhänge zwischen den Einflussfaktoren und sozialen Problemen sind deutlich heterogener als theoriebedingt erwartet. Das
   zeigt erneut auf, dass eindimensionale Erklärungsansätze nicht ausreichen, um
   soziale Probleme in reichen Gesellschaften zu erklären. Insbesondere dann,
   wenn aus den Forschungsergebnissen angemessene politische Implikationen
   abgeleitet werden sollen, müssen soziale Probleme einzeln betrachtet werden. Diese Kritik betrifft nicht nur Wilkinson und Picketts *Spirit Level Theory*
   (ebd.), sondern auch ihre beiden bekanntesten Gegenschriften, welche in ihren

eindimensional Ansätzen lediglich Einkommensungleichheit durch Wohlstand (Snowdon, 2010) oder ethnische Fraktionalisierung (Saunders & Evans, 2010) als erklärende Variable ersetzen.

4. Der Vergleich von Längsschnitt- und Querschnittsanalysen zeigt, dass Unterschiede im Ausmaß sozialer Probleme in reichen Ländern besser zu einem konkreten Zeitpunkt als im Zeitverlauf erklärt werden können. Im Längsschnitt zeigen sich deutlich kleinere Effektstärken und weniger Varianzaufklärung als im Querschnitt. Dieser Unterschied deutet darauf hin, dass die Probleme und Einflussfaktoren zwar generell zusammenhängen, eine Veränderung der Determinanten über die Zeit jedoch häufig nicht mit einer Verbesserung bzw. Verschlechterung von sozialen Problemen einhergeht. Entsprechende Trendaussagen, wie sie z. B. Wilkinson und Pickett treffen, sind daher kritisch zu betrachten.

Neben der Heterogenität der Forschungsergebnisse stellt sich ein materialistisches Werteklima entgegen der Erwartung als mangelhafter Prädiktor sozialer Probleme heraus. Hier sollte zukünftige Forschung näher untersuchen, ob das Werteklima tatsächlich keine relevante Determinante sozialer Probleme darstellt oder ob das vorliegende Ergebnis Ausdruck einer mangelhaften Operationalisierung ist. Die Heterogenität der Studienergebnisse spiegelt sich in den Antworten auf die fünf aufgestellten Forschungshypothesen wider, welche wie folgt pointiert zusammengefasst werden. Tabelle 6.1 zeigt eine Übersicht ihrer Bewertung.

Die Ergebnisse zeigen, dass höhere Einkommensungleichheit in reichen Ländern unabhängig von Wohlstand lediglich mit einem stärkeren Ausmaß an Gewalt, Inhaftierungen und niedriger Wahlbeteiligung einhergeht (*Hypothese 1*). Nur für die Wahlbeteiligung zeigt sich dieser Effekt auch im Zeitverlauf. In Bezug auf *Hypothese 2* zeigen die Resultate im Querschnitt, dass wohlhabendere Länder unabhängig von ihrer Einkommensungleichheit von allen untersuchten Problemen in einem geringeren Ausmaß betroffen sind. Im Längsschnitt bestehen diese Zusammenhänge nur in Bezug auf Gewalt und Inhaftierungen. Auffällig ist, dass *Hypothese 1* und *Hypothese 2* an einzelnen Stellen abgelehnt werden muss, wenn zusätzlich auf das Vertrauen oder das Werteklima kontrolliert wurde. Aus den Resultaten der Querschnittsanalyse geht hervor, dass reiche Länder mit höherer ethnischer Fraktionalisierung unabhängig von ihrer Einkommensungleichheit und ihrem Wohlstand in einem höheren Ausmaß von Gewalt, Inhaftierungen und Teenagerschwangerschaften betroffen sind (*Hypothese 3*). Entgegen der Annahme zeigen die Ergebnisse im Längsschnitt, dass die Erhöhung der ethnischen Fraktionalisierung in reichen Ländern mit einer Erhöhung der Wahlbeteiligung einhergeht. Weitere Längsschnitteffekte konnten nicht gefunden

Tabelle 6.1 Übersicht über die Bewertung der Forschungshypothesen

	Gewalt		Inhaftierungen		Teenagermütter		Schulische Leistungen		Wahlbeteiligung	
	QS	LS	QS	LS	QS	LS	QS	LS	QS	LS
H1 (Einkommensungleichheit)	✓		✓						(✓)[1]	
H2 (Wohlstand)	✓	✓	(✓)[1]	✓	✓		(✓)[1]		(✓)[1,2]	✓
H3 (Ethnische Fraktionalisierung)	✓		✓		✓					
H4 (Vertrauen)				✓			✓	✓	✓	✓
H5 (materialistisches Werteklima)			✓							

Anmerkung: ✓ = Annahme, „Leerstelle" = Ablehnung, (✓) = Annahme unter bestimmten Ausnahmen: [1] = Ablehnung unter Kontrolle auf Vertrauen, [2] = Ablehnung unter Kontrolle auf Werteklima, QS = Querschnitt, LS = Längsschnitt.
Quelle: Eigene Darstellung.

werden. In Bezug auf *Hypothese 4* stellen die Ergebnisse heraus, dass reiche Gesellschaften mit einem höheren Vertrauenslevel *ceteris paribus H3* weniger stark von niedrigen schulischen Leistungen und niedriger Wahlbeteiligungen betroffen sind. Ein entsprechender Einfluss auf die Zahl der Inhaftierungen konnte ausschließlich im Längsschnitt festgestellt werden. Im Querschnitt ist dieser Effekt unter der Kontrolle auf Wohlstand und Einkommensungleichheit insignifikant. Zuletzt zeigen die Ergebnisse vor dem Hintergrund der *fünften Forschungshypothese*, dass Gesellschaften mit einem materialistischeren Werteklima *ceteris paribus H3* lediglich von einer höheren Anzahl von Inhaftierungen betroffen sind. Für alle übrigen untersuchten Probleme konnten keine signifikanten Zusammenhänge festgestellt werden. Vor diesem Hintergrund kann die übergeordnete Fragestellung nach dem Einfluss der fünf relevanten Faktoren auf das Ausmaß sozialer Probleme in reichen Ländern wie folgt beantwortet werden:

1. Es findet sich *kein* Beleg für einen zentralen Erklärungsmechanismus für das Ausmaß sozialer Probleme in reichen Ländern, wie ihn die *Spirit Level Theory* postuliert.
2. *Verschiedene* Determinanten beeinflussen *bestimmte* soziale Probleme *unterschiedlich* stark. Dabei scheint Wohlstand nach wie vor der stärkste Prädiktor zu sein.
3. Die Analyse zeitlicher Veränderungen konnte nur wenige und drüber hinaus deutlich schwächere Effekte der fünf Faktoren feststellen, was darauf hinweist, dass Determinanten und Probleme zwar zusammenhängen, sich jedoch nicht gegenseitig bedingen.

Zusammengefasst lässt sich also festhalten, dass Wilkinson und Picketts *Spirit Level Theory* den Einfluss von Einkommensungleichheit auf das Ausmaß sozialer Probleme stark überschätzt. In diesem Kontext muss auch ihrer Schlussfolgerung, dass der Schlüssel zur Bewältigung sozialer Probleme in erster Linie die Um- bzw. Gleichverteilung von Einkommen und Wohlstand sei, widersprochen werden. Stattdessen ergeben sich aus den vorliegende Studienergebnissen zwei konkrete politische Maßnahmen: Zunächst scheint die Steigerung des wirtschaftlichen Wohlstands nach wie vor ein angemessenes Instrument zu sein, um verschiedenen sozialen Problemen gleichzeitig entgegenzuwirken. Zudem erfordern konkreterer Problemstellungen das Ergreifen konkreter Maßnahmen, beispielsweise sinkt die Wahlbeteiligung mit dem Anstieg der Einkommensungleichheit. Ist das konkrete Ziel also die Stärkung der Demokratie (durch eine

Erhöhung der Wahlbeteiligung), scheinen Maßnahmen zum Abbau von Einkommensungleichheit und zur Steigerung des Vertrauens gewinnbringender zu sein als die bloße Vermehrung des wirtschaftlichen Wohlstands.

Im Kontext der wissenschaftlichen Debatte um Trends und Determinanten sozialer Probleme in reichen Ländern zeigt die vorliegende Studie, wie durch die Verbesserung der Datenlage und Analyseverfahren genauere Ergebnisse erzielt werden können. Zukünftige Arbeiten sollten aufgrund der gegebenen Möglichkeiten nicht auf eindimensionalen Erklärungsansätzen verharren, sondern ihre Hypothesen stets gegen weitere mögliche Einflussfaktoren testen.

Literaturverzeichnis

Abramson, P. R., & Inglehart, R. (1994). Education, Security, and Postmaterialism: A Comment on Duch and Taylor's „Postmaterialism and the Economic Condition". *American Journal of Political Science, 38*(3), 797–814. https://doi.org/10.2307/2111607.

Allison, P. D. (2005). *Fixed effects regression methods for longitudinal data using SAS*. SAS Institute.

Altheimer, I. (2008). Social support, ethnic heterogeneity, and homicide: A cross-national approach. *Journal of Criminal Justice, 36*(2), 103–114. https://doi.org/10.1016/j.jcrimjus.2008.02.002.

Avendano, M., & Hessel, P. (2015). The income inequality hypothesis rejected? *European Journal of Epidemiology, 30*(8), 595–598. https://doi.org/10.1007/s10654-015-0084-8.

Babones, S. J. (2008). Income inequality and population health: Correlation and causality. *Social Science & Medicine, 66*(7), 1614–1626. https://doi.org/10.1016/j.socscimed.2007.12.012.

Bäck, M., & Christensen, H. (2016). When trust matters—A multilevel analysis of the effect of generalized trust on political participation in 25 European democracies. *Journal of Civil Society, 16*, 178–197. https://doi.org/10.1080/17448689.2016.1176730.

Beckett, K., & Beach, L. (2021). Understanding the place of punishment: Disadvantage, politics, and the geography of imprisonment in 21st century America. *Law & Policy, 43*(1), 5–29.

Beese, J., & Liang, X. (2010). Do resources matter? PISA science achievement comparisons between students in the United States, Canada and Finland. *Improving Schools, 13*(3), 266–279.

Benson, M., & Rochon, T. R. (2004). Interpersonal Trust and the Magnitude of Protest: A Micro and Macro Level Approach. *Comparative Political Studies, 37*(4), 435–457. https://doi.org/10.1177/0010414003262900.

Blau, J. R., & Blau, P. M. (1982). The Cost of Inequality: Metropolitan Structure and Violent Crime. *American Sociological Review, 47*(1), 114–129. https://doi.org/10.2307/2095046.

Bloomfield, K. I. M., Grittner, U., Kramer, S., & Gmel, G. (2006). Social inequalities in alcohol consumption and alcohol-related problems in the study countries of the EU concerted action 'Gender, Culture and Alcohol Problems: A Multi-national Study'. *Alcohol and alcoholism, 41*(suppl_1), i26–i36.

© Der/die Herausgeber bzw. der/die Autor(en) 2023
M. Gercke, *Trends und Determinanten sozialer Probleme in reichen Ländern*,
BestMasters, https://doi.org/10.1007/978-3-658-39865-1

Booth, D. E. (2021). Post-materialism's Social Class Divide: Experiences and Life Satisfaction. *Journal of Human Values, 27*(2), 141–160. https://doi.org/10.1177/097168582094 6180.

Borgonovi, F., & Pokropek, A. (2017). *Birthplace diversity, income inequality and education gradients in generalised trust. The relevance of cognitive skills in 29 countries.* https://doi.org/10.1787/f16a8bae-en.

Bourdieu, P. (2021). Die konservative Schule. Die soziale Chancenungleichheit gegenüber Schule und Kultur. In U. Bauer, U. H. Bittlingmayer, & A. Scherr (Hrsg.), *Handbuch Bildungs- und Erziehungssoziologie* (S. 1–25). Springer Fachmedien Wiesbaden. https://doi.org/10.1007/978-3-658-31395-1_17-1.

Bourdieu, P. 1930–2002. (1971). *Die Illusion der Chancengleichheit: Untersuchungen zur Soziologie des Bildungswesens am Beispiel Frankreichs* (1. Aufl.). Klett.

Bratsberg, B., Kotsadam, A., Lind, J. T., Mehlum, H., & Raaum, O. (2019). Election Turnout Inequality—Insights from Administrative Registers. *SSRN Electronic Journal.* https://doi.org/10.2139/ssrn.3338819.

Calvert, E., Nolan, B., Fahey, T., Healy, D., Mulcahy, A., Maître, B., Norris, M., O'Donnell, I., Winston, N., & Whelan, C. (2013). GINI Country Report: Growing Inequalities and their Impacts in Ireland. In *GINI Country Reports* (Nr. ireland; GINI Country Reports). AIAS, Amsterdam Institute for Advanced Labour Studies. https://ideas.repec.org/p/aia/ginicr/ireland.html

Carlson, M. (2018). Families unequal: Socioeconomic gradients in family patterns across the United States and Europe. *Unequal family lives: Causes and consequences in Europe and the Americas,* 21–39.

Chamlin, M. B., & Cochran, J. K. (2006). Economic Inequality, Legitimacy, and Cross-National Homicide Rates. *Homicide Studies, 10*(4), 231–252. https://doi.org/10.1177/108 8767906292642

Chmielewski, A. K., & Reardon, S. F. (2016). Patterns of cross-national variation in the association between income and academic achievement. *Aera Open, 2*(3), 2332858416649593.

Chon, D. (2017). Are Competitive Materialism and Female Employment Related to International Homicide Rate? *Journal of Interpersonal Violence, 35.* https://doi.org/10.1177/088 6260517705664.

Christoffersen, M. N., & Hussain, M. A. (2008). Teenage pregnancies: Consequences of poverty, ethnic background and social conditions. *Denmark: Social Forksnings Instituttet.*

Chudgar, A., & Luschei, T. F. (2009). National income, income inequality, and the importance of schools: A hierarchical cross-national comparison. *American Educational Research Journal, 46*(3), 626–658.

Clark, R., & Herbolsheimer, C. (2021). The Iron Cage of Development: A Cross-National Analysis of Incarceration, 2000 – 2015. *Sociological Forum, 36*(2), 381–404. https://doi.org/10.1111/socf.12683.

Coccia, M. (2017). A Theory of general causes of violent crime: Homicides, income inequality and deficiencies of the heat hypothesis and of the model of CLASH. *Aggression and Violent Behavior, 37,* 190–200.

Coccia, M. (2018). Violent crime driven by income Inequality between countries. *Turkish Economic Review, 5*(1), 33–55.

Crepaz, M. M. L. (1990). The impact of party polarization and postmaterialism on voter turnout. *European Journal of Political Research, 18*(2), 183–205. https://doi.org/10.1111/j.1475-6765.1990.tb00228.x.

Crosby, R. A., & Holtgrave, D. R. (2006). The protective value of social capital against teen pregnancy: A state-level analysis. *Journal of Adolescent Health, 38*(5), 556–559. https://doi.org/10.1016/j.jadohealth.2005.05.031.

Crutchfield, R. D., & Pettinicchio, D. (2009). "Cultures of Inequality": Ethnicity, Immigration, Social Welfare, and Imprisonment. *The ANNALS of the American Academy of Political and Social Science, 623*(1), 134–147. https://doi.org/10.1177/000271620833 1379

Danaj, A., & Lami, R. (2017). *Economic determinants of voter turnout: A quantitative approach.* 15.

Daniele, V. (2021). Socioeconomic inequality and regional disparities in educational achievement: The role of relative poverty. *Intelligence, 84*, 101515.

de Soysa, I., & Noel, C. (2020). Does ethnic diversity increase violent crime? A global analysis of homicide rates, 1995–2013. *European Journal of Criminology, 17*(2), 175–198. https://doi.org/10.1177/1477370818775294.

Degenhardt, L., Chiu, W.-T., Sampson, N., Kessler, R. C., Anthony, J. C., Angermeyer, M., Bruffaerts, R., De Girolamo, G., Gureje, O., & Huang, Y. (2008). Toward a global view of alcohol, tobacco, cannabis, and cocaine use: Findings from the WHO World Mental Health Surveys. *PLoS medicine, 5*(7), e141.

Delhey, J., & Dragolov, G. (2014). Why Inequality Makes Europeans Less Happy: The Role of Distrust, Status Anxiety, and Perceived Conflict. *European Sociological Review, 30*(2), 151–165. https://doi.org/10.1093/esr/jct033.

Delhey, J., & Newton, K. (2003). Who trusts?: The origins of social trust in seven societies. *European societies, 5*(2), 93–137.

Delhey, J., & Newton, K. (2005). Predicting Cross-National Levels of Social Trust: Global Pattern or Nordic Exceptionalism? *European Sociological Review, 21*(4), 311–327. https://doi.org/10.1093/esr/jci022.

Delhey, J., Newton, K., & Welzel, C. (2011). How General Is Trust in "Most People"? Solving the Radius of Trust Problem. *American Sociological Review, 76*(5), 786–807. https://doi.org/10.1177/0003122411420817.

Delhey, J., Schneickert, C., Hess, S., & Aplowski, A. (2022). Who values status seeking? A cross-European comparison of social gradients and societal conditions. *European Societies, 24*(1), 29–60. https://doi.org/10.1080/14616696.2021.2005112.

Delhey, J., Schneickert, C., & Steckermeier, L. C. (2017). Sociocultural inequalities and status anxiety: Redirecting the Spirit Level Theory. *International Journal of Comparative Sociology, 58*(3), 215–240. https://doi.org/10.1177/0020715217713799.

Delhey, J., & Steckermeier, L. C. (2019). Statusängste in Deutschland: Wachsendes Problem oder zeitdiagnostischer Mythos. *Diagnose Angstgesellschaft? Was wir wirklich über die Gefühlslage der Menschen wissen,* 105–135.

Delhey, J., & Steckermeier, L. C. (2020). Social Ills in Rich Countries: New Evidence on Levels, Causes, and Mediators. *Social Indicators Research, 149*(1), 87–125. https://doi.org/10.1007/s11205-019-02244-3.

Diekmann, A., & Meyer, R. (2010). Demokratischer Smog? Eine empirische Untersuchung zum Zusammenhang zwischen Sozialschicht und Umweltbelastungen. *KZfSS Kölner*

Zeitschrift für Soziologie und Sozialpsychologie, 62(3), 437–457. https://doi.org/10.1007/s11577-010-0108-z.

Dolliver, D. S. (2015). Cultural and Institutional Adaptation and Change in Europe: A Test of Institutional Anomie Theory Using Time Series Modelling of Homicide Data. *The British Journal of Criminology, 55*(4), 747–768. https://doi.org/10.1093/bjc/azu092.

Dronkers, J., & van der Velden, R. (2013). Positive but also Negative Effects of Ethnic Diversity in Schools on Educational Performance? An Empirical Test Using PISA Data. In M. Windzio (Hrsg.), *Integration and Inequality in Educational Institutions* (S. 71–98). Springer Netherlands. https://doi.org/10.1007/978-94-007-6119-3_4.

East, P. L. (2013). Cohesive, Trusting Communities Buoy At-Risk Youth Throughout Adolescence. *Journal of Adolescent Health, 53*(1), 1–2. https://doi.org/10.1016/j.jadohealth.2013.04.022.

Elgar, F. J., & Aitken, N. (2011). Income inequality, trust and homicide in 33 countries. *European Journal of Public Health, 21*(2), 241–246.

Elgar, F. J., Craig, W., Boyce, W., Morgan, A., & Vella-Zarb, R. (2009). Income inequality and school bullying: Multilevel study of adolescents in 37 countries. *Journal of Adolescent Health, 45*(4), 351–359.

Ewert, S., Sykes, B. L., & Pettit, B. (2014). The Degree of Disadvantage: Incarceration and Inequality in Education. *The ANNALS of the American Academy of Political and Social Science, 651*(1), 24–43. https://doi.org/10.1177/0002716213503100.

Fajnzylber, P., Lederman, D., & Loayza, N. (2002). Inequality and violent crime. *The journal of Law and Economics, 45*(1), 1–39.

Fantom, N. J., & Serajuddin, U. (2016). The World Bank's classification of countries by income. *World Bank Policy Research Working Paper, 7528.*

Felder, S. (2006). Lebenserwartung, medizinischer Fortschritt und Gesundheitsausgaben: Theorie und Empirie. *Perspektiven Der Wirtschaftspolitik, 7*(s1), 49–73. https://doi.org/10.1111/j.1465-6493.2006.00216.x.

Feldmann, H. (2020). Who Favors Education? Insights from the World Values Survey. *Comparative Sociology, 19*(4–5), 509–541. https://doi.org/10.1163/15691330-BJA10018.

Fuller, C. (2014). Social Capital and the role of trust in aspirations for higher education. *Educational Review, 66*(2), 131–147. https://doi.org/10.1080/00131911.2013.768956.

Gold, R., Kawachi, I., Kennedy, B. P., Lynch, J. W., & Connell, F. A. (2001). Ecological analysis of teen birth rates: Association with community income and income inequality. *Maternal and child health journal, 5*(3), 161–167.

Gold, R., Kennedy, B., Connell, F., & Kawachi, I. (2002). Teen births, income inequality, and social capital: Developing an understanding of the causal pathway. *Health & place, 8*(2), 77–83.

Goldthorpe, J. H. (2010). Analysing social inequality: A critique of two recent contributions from economics and epidemiology. *European Sociological Review, 26*(6), 731–744.

Gregorio, J. D., & Lee, J. (2002). Education and Income Inequality: New Evidence From Cross-Country Data. *Review of Income and Wealth, 48*(3), 395–416. https://doi.org/10.1111/1475-4991.00060.

Hadjar, A., & Beck, M. (2010). Who does not participate in elections in europe and why is this? A multilevel analysis of social mechanisms behind non-voting. *European Societies, 12*(4), 521–542. https://doi.org/10.1080/14616696.2010.483007.

Henn, M., Oldfield, B., & Hart, J. (2018). Postmaterialism and young people's political participation in a time of austerity. *The British Journal of Sociology, 69*(3), 712–737. https://doi.org/10.1111/1468-4446.12309.

Hoeffler, A. (2017). What are the costs of violence? *Politics, Philosophy & Economics, 16*(4), 422–445. https://doi.org/10.1177/1470594X17714270.

Hofstede, G. (2011). Dimensionalizing Cultures: The Hofstede Model in Context. *Online Readings in Psychology and Culture, 2*(1). https://doi.org/10.9707/2307-0919.1014.

Hopfenbeck, T. N., Lenkeit, J., El Masri, Y., Cantrell, K., Ryan, J., & Baird, J.-A. (2018). Lessons learned from PISA: A systematic review of peer-reviewed articles on the programme for international student assessment. *Scandinavian Journal of Educational Research, 62*(3), 333–353.

Houle, C. (2019). Social mobility and political instability. *Journal of Conflict Resolution, 63*(1), 85–111.

Imamura, M., Tucker, J., Hannaford, P., Da Silva, M. O., Astin, M., Wyness, L., Bloemenkamp, K. W., Jahn, A., Karro, H., & Olsen, J. (2007). Factors associated with teenage pregnancy in the European Union countries: A systematic review. *European journal of public health, 17*(6), 630–636.

Inglehart, R. (1971). The silent revolution in Europe: Intergenerational change in post-industrial societies. *American political science review, 65*(4), 991–1017.

Inglehart, R. (2007). *Postmaterialist Values and the Shift from Survival to Self-Expression Values.* Oxford University Press. https://doi.org/10.1093/oxfordhb/9780199270125.003.0012.

Inglehart, R. (2015 [1977]). *The silent revolution: Changing values and political styles among western publics* (S. 482). Princeton University Press.

Inglehart, R., & Abramson, P. (1995). *Value Change in Global Perspective.* University of Michigan Press. https://muse.jhu.edu/book/6291.

Inglehart, R., & Abramson, P. R. (1999). Measuring Postmaterialism. *The American Political Science Review, 93*(3), 665–677. https://doi.org/10.2307/2585581.

Inglehart, R., & Welzel, C. (2005). *Modernization, cultural change and democracy. The human development sequence.* Cambridge University Press.

Jacobs, D., & Richardson, A. M. (2008). Economic Inequality and Homicide in the Developed Nations From 1975 to 1995. *Homicide Studies, 12*(1), 28–45. https://doi.org/10.1177/1088767907311849.

Jen, M. H., Jones, K., & Johnston, R. (2009). Global variations in health: Evaluating Wilkinson's income inequality hypothesis using the World Values Survey. *Social Science & Medicine, 68*(4), 643–653. https://doi.org/10.1016/j.socscimed.2008.11.026.

Jen, M. H., Sund, E. R., Johnston, R., & Jones, K. (2010). Trustful societies, trustful individuals, and health: An analysis of self-rated health and social trust using the World Value Survey. *Health & place, 16*(5), 1022–1029.

Jencks, C. (2002). Does inequality matter? *Daedalus, 131*(1), 49–65.

Jensen, C., & Jespersen, B. B. (2017). To have or not to have: Effects of economic inequality on turnout in European democracies. *Electoral Studies, 45*, 24–28.

Jerrim, J., & Macmillan, L. (2015). Income inequality, intergenerational mobility, and the Great Gatsby Curve: Is education the key? *Social Forces, 94*(2), 505–533.

John, P. (2005). The Contribution of Volunteering, Trust, and Networks to Educational Performance. *Policy Studies Journal, 33*(4), 635–656. https://doi.org/10.1111/j.1541-0072. 2005.00136.x.

Jones, E. F., Forrest, J. D., Goldman, N., Henshaw, S. K., Lincoln, R., Rosoff, J. I., Westoff, C. F., & Wulf, D. (1985). Teenage Pregnancy in Developed Countries: Determinants and Policy Implications. *Family Planning Perspectives, 17*(2), 53–63. https://doi.org/10.2307/ 2135261.

Jones, M. T. (2017). A Review of the Social Determinants of Health - Income Inequality and Education Inequality: Why Place Matters in U.S. Teenage Pregnancy Rates. *Health Systems and Policy Research, 04*(02). https://doi.org/10.21767/2254-9137.100071.

Judge, K., Mulligan, J.-A., & Benzeval, M. (1998). Income inequality and population health. *Social Science & Medicine, 46*(4), 567–579. https://doi.org/10.1016/S0277-9536(97)002 04-9.

Jungkunz, S., & Marx, P. (2021). Income changes do not influence political involvement in panel data from six countries. *European Journal of Political Research, n/a*(n/a). https:// doi.org/10.1111/1475-6765.12495.

Kawachi, I., Kennedy, B. P., Lochner, K., & Prothrow-Stith, D. (1997). Social capital, income inequality, and mortality. *American Journal of Public Health, 87*(9), 1491–1498. https:// doi.org/10.2105/AJPH.87.9.1491.

Kennedy, B. P., Kawachi, I., Prothrow-Stith, D., Lochner, K., & Gupta, V. (1998). Social capital, income inequality, and firearm violent crime. *Social Science & Medicine, 47*(1), 7–17. https://doi.org/10.1016/S0277-9536(98)00097-5.

Kezdi, G. (2003). Robust Standard Error Estimation in Fixed-Effects Panel Models. *SSRN Electronic Journal.* https://doi.org/10.2139/ssrn.596988.

Kivivuori, J., & Lehti, M. (2006). The Social Composition of Homicide in Finland, 1960–2000. *Acta Sociologica, 49*(1), 67–82. https://doi.org/10.1177/0001699306061900.

Knack, S., & Keefer, P. (1997). Does Social Capital Have an Economic Payoff? A Cross-Country Investigation. *The Quarterly Journal of Economics, 112*(4), 1251–1288.

Kondo, N., Dam, R. M. van, Sembajwe, G., Subramanian, S. V., Kawachi, I., & Yamagata, Z. (2012). Income inequality and health: The role of population size, inequality threshold, period effects and lag effects. *J Epidemiol Community Health, 66*(6), e11–e11. https:// doi.org/10.1136/jech-2011-200321.

Kouba, K., Novák, J., & Strnad, M. (2021). Explaining voter turnout in local elections: A global comparative perspective. *Contemporary Politics, 27*(1), 58–78. https://doi.org/10. 1080/13569775.2020.1831764.

Kragten, N., & Rözer, J. (2017). The Income Inequality Hypothesis Revisited: Assessing the Hypothesis Using Four Methodological Approaches. *Social Indicators Research, 131*(3), 1015–1033. https://doi.org/10.1007/s11205-016-1283-8.

Kury, H., & Kuhlmann, A. (2020). Zu den Auswirkungen der Inhaftierung Straffälliger auf Familienangehörige. *Monatsschrift für Kriminologie und Strafrechtsreform, 103*(4), 285–299. https://doi.org/10.1515/mks-2020-2055.

Lachaud, J., Donnelly, P. D., Henry, D., Kornas, K., Calzavara, A., Bornbaum, C., & Rosella, L. (2017). A population-based study of homicide deaths in Ontario, Canada using linked death records. *International Journal for Equity in Health, 16*(1), 133. https://doi.org/10. 1186/s12939-017-0632-9.

Lancee, B., & Van de Werfhorst, H. G. (2012). Income inequality and participation: A comparison of 24 European countries. *Social science research, 41*(5), 1166–1178.

Lappi-Seppälä, T. (2011). Explaining imprisonment in Europe. *European Journal of Criminology, 8*(4), 303–328. https://doi.org/10.1177/1477370811411459.

Legleye, S., Janssen, E., Beck, F., Chau, N., & Khlat, M. (2011). Social gradient in initiation and transition to daily use of tobacco and cannabis during adolescence: A retrospective cohort study. *Addiction, 106*(8), 1520–1531.

Legleye, S., Janssen, E., Spilka, S., Le Nézet, O., Chau, N., & Beck, F. (2013). Opposite social gradient for alcohol use and misuse among French adolescents. *International Journal of Drug Policy, 24*(4), 359–366.

Letki, N. (2004). Socialization for Participation? Trust, Membership, and Democratization in East-Central Europe. *Political Research Quarterly, 57*(4), 665–679. https://doi.org/10.1177/106591290405700414.

Leyland, A. H., & Dundas, R. (2010). The social patterning of deaths due to assault in Scotland, 1980–2005: Population-based study. *Journal of Epidemiology & Community Health, 64*(5), 432–439. https://doi.org/10.1136/jech.2009.095018.

Lin, K., & Mancik, A. M. (2020). National Culture on the Cross-National Variation of Homicide: An Empirical Application of the Inglehart–Welzel Cultural Map. *Sociological Forum, 35*(4), 1114–1134. https://doi.org/10.1111/socf.12640.

Liu, N., Vigod, S., Farrugia, M., Urquia, M., & Ray, J. (2018). Intergenerational teen pregnancy: A population-based cohort study. *BJOG: An International Journal of Obstetrics & Gynaecology, 125*(13), 1766–1774. https://doi.org/10.1111/1471-0528.15297.

Lynch, J., Smith, G. D., Harper, S. A., Hillemeier, M., Ross, N., Kaplan, G. A., & Wolfson, M. (2004). Is income inequality a determinant of population health? Part 1. A systematic review. *The Milbank Quarterly, 82*(1), 5–99.

Mackenbach, J. P. (2014). Cultural values and population health: A quantitative analysis of variations in cultural values, health behaviours and health outcomes among 42 European countries. *Health & Place, 28*, 116–132. https://doi.org/10.1016/j.healthplace.2014.04.004.

Mainwaring, C. J., Bardi, A., & Meek, R. (2019). A glimpse into the role of personal values within the restorative justice process: A qualitative study with restorative justice facilitators. *Contemporary Justice Review, 22*(1), 60–85.

Maraffi, M., Newton, K., Van Deth, J., & Whiteley, P. (1999). *Social capital and European democracy.* Routledge.

Marmot, M. (2004). Status syndrome. *Significance, 1*(4), 150–154. https://doi.org/10.1111/j.1740-9713.2004.00058.x.

Martinez i Coma, F., & Nai, A. (2017). Ethnic diversity decreases turnout. Comparative evidence from over 650 elections around the world. *Electoral Studies, 49*, 75–95. https://doi.org/10.1016/j.electstud.2017.07.002.

Mau, S., & Schöneck, N. M. (2015). *(Un-)gerechte (Un-)Gleichheiten.* Suhrkamp Verlag.

Mauldin, W. P., Berelson, B., & Sykes, Z. (1978). Conditions of Fertility Decline in Developing Countries, 1965–75. *Studies in Family Planning, 9*(5), 89–147. https://doi.org/10.2307/1965523.

McCartney, G., Hearty, W., Arnot, J., Popham, F., Cumbers, A., & McMaster, R. (2019). Impact of Political Economy on Population Health: A Systematic Review of Reviews.

American Journal of Public Health, 109(6), e1–e12. https://doi.org/10.2105/AJPH.2019. 305001.

McLean, C., Long, M. A., Stretesky, P. B., Lynch, M. J., & Hall, S. (2019). Exploring the Relationship between Neoliberalism and Homicide: A Cross-National Perspective. *International Journal of Sociology, 49*(1), 53–76. https://doi.org/10.1080/00207659.2018.156 0981.

Messner, S. F., Raffalovich, L. E., & Shrock, P. (2002). *Reassessing the Cross-National Relationship Between Income Inequality and Homicide Rates: Implications of Data Quality Control in the Measurement of Income Distribution.* 19.

Meyer, H.-D., & Schiller, K. (2013). Gauging the role of non-educational effects in large-scale assessments: Socio-economics, culture and PISA outcomes. *PISA, power, and policy: The emergence of global educational governance,* 207–224.

Mikucka, M., Sarracino, F., & Dubrow, J. K. (2017). When does economic growth improve life satisfaction? Multilevel analysis of the roles of social trust and income inequality in 46 countries, 1981–2012. *World Development, 93,* 447–459.

Naidoo, R. (2004). Fields and institutional strategy: Bourdieu on the relationship between higher education, inequality and society. *British Journal of Sociology of Education, 25*(4), 457–471. https://doi.org/10.1080/0142569042000236952.

Newton, K. (2001). Trust, Social Capital, Civil Society, and Democracy. *International Political Science Review/Revue internationale de science politique, 22*(2), 201–214.

Nivette, A. E. (2011). Cross-National Predictors of Crime: A Meta-Analysis. *Homicide Studies, 15*(2), 103–131. https://doi.org/10.1177/1088767911406397.

Ojeda, C. (2018). The Two Income-Participation Gaps. *American Journal of Political Science, 62*(4), 813–829. https://doi.org/10.1111/ajps.12375.

O'Neill, M., Buajitti, E., Donnelly, P. D., Lewis, J., Kornas, K., & Rosella, L. C. (2020). Characterising risk of homicide in a population-based cohort. *J Epidemiol Community Health, 74*(12), 1028–1034. https://doi.org/10.1136/jech-2019-213249.

Owens, J., & Saint-Amans, P. (2009). Overview of the OECD's Work on Countering International Tax Evasion. *Organisation for Economic Co-operation and Developent (OECD).*

Paskov, M., & Dewilde, C. (2012). Income inequality and solidarity in Europe. *Research in Social Stratification and Mobility, 30*(4), 415–432.

Patel, V., Burns, J. K., Dhingra, M., Tarver, L., Kohrt, B. A., & Lund, C. (2018). Income inequality and depression: A systematic review and meta-analysis of the association and a scoping review of mechanisms. *World Psychiatry, 17*(1), 76–89.

Pereira, R., & de Menezes, T. A. (2021). Does per capita income cause homicide rates? An application of an IV spatial model. *Regional Science Policy & Practice, 13*(4), 1388–1400. https://doi.org/10.1111/rsp3.12301.

Phelps, M. S., & Pager, D. (2016). Inequality and Punishment: A Turning Point for Mass Incarceration? *The ANNALS of the American Academy of Political and Social Science, 663*(1), 185–203. https://doi.org/10.1177/0002716215596972.

Pinto-Meza, A., Moneta, M. V., Alonso, J., Angermeyer, M. C., Bruffaerts, R., Caldas de Almeida, J. M., De Girolamo, G., De Graaf, R., Florescu, S., & Kovess Masfety, V. (2013). Social inequalities in mental health: Results from the EU contribution to the World Mental Health Surveys Initiative. *Social psychiatry and psychiatric epidemiology, 48*(2), 173–181.

Poel, K. te. (2018). Maike Sophia Baader/Tatjana Freytag (Hrsg.): Bildung und Ungleichheit in Deutschland. Wiesbaden: VS Verlag für Sozialwissenschaften 2017 (536 S.) [Rezension]. *Erziehungswissenschaftliche Revue (EWR)*, *17*(2). http://nbn-resolving.de/urn:nbn: de:0111-pedocs-214679.

Pop, I. A., van Ingen, E., & van Oorschot, W. (2013). Inequality, Wealth and Health: Is Decreasing Income Inequality the Key to Create Healthier Societies? *Social Indicators Research*, *113*(3), 1025–1043. https://doi.org/10.1007/s11205-012-0125-6.

Putnam, R. D. (2000). *Bowling Alone: The Collapse and Revival of American Community*. Simon and Schuster.

Rambotti, S. (2015). Recalibrating the spirit level: An analysis of the interaction of income inequality and poverty and its effect on health. *Social Science & Medicine*, *139*, 123–131. https://doi.org/10.1016/j.socscimed.2015.02.026.

Reemtsma, J. P. (2008). Vertrauen und Gewalt. *Versuch über eine besondere Konstellation der Moderne. Hamburg: Hamburger Edition*, *8*.

Ripperger, T. (2003). *Ökonomik des vertrauens: Analyse eines organisationsprinzips* (Bd. 101). Mohr Siebeck.

Robey, B., Rutstein, S. O., & Morris, L. (1993). The Fertility Decline in Developing Countries. *Scientific American*, *269*(6), 60–67.

Rodgers, G. B. (1979). Income and inequality as determinants of mortality: An international cross-section analysis. *Population Studies*, *33*(2), 343–351. https://doi.org/10.1080/003 24728.1979.10410449.

Rosenfeld, R., Baumer, E. P., & Messner, S. F. (2001). Social Capital and Homicide*. *Social Forces*, *80*(1), 283–310. https://doi.org/10.1353/sof.2001.0086.

Rözer, J., Kraaykamp, G., & Huijts, T. (2016). National income inequality and self-rated health: The differing impact of individual social trust across 89 countries. *European Societies*, *18*(3), 245–263.

Rözer, J., Lancee, B., & Volker, B. (2022). Keeping Up or Giving Up? Income Inequality and Materialism in Europe and the United States. *Social Indicators Research*, *159*(2), 647–666. https://doi.org/10.1007/s11205-021-02760-1.

Ruddell, R. (2005). Social disruption, state priorities, and minority threat: A cross-national study of imprisonment. *Punishment & Society*, *7*(1), 7–28. https://doi.org/10.1177/146 2474505048131.

Ruddell, R., & Urbina, M. G. (2004). Minority threat and punishment: A cross-national analysis. *Justice Quarterly*, *21*(4), 903–931. https://doi.org/10.1080/07418820400096031.

Santelli, J. S., Song, X., Garbers, S., Sharma, V., & Viner, R. M. (2017). Global Trends in Adolescent Fertility, 1990–2012, in Relation to National Wealth, Income Inequalities, and Educational Expenditures. *Journal of Adolescent Health*, *60*(2), 161–168. https://doi.org/ 10.1016/j.jadohealth.2016.08.026.

Saunders, P., & Evans, N. (2010). *Beware false prophets: Equality, the good society and the spirit level*. Policy Exchange.

Schäfer, A. (2013). Wahlbeteiligung und Nichtwähler. *Aus Politik und Zeitgeschichte*, *63*(48–49), 39–46.

Schäfer, A. (2015). *Der Verlust politischer Gleichheit: Warum die sinkende Wahlbeteiligung der Demokratie schadet*. Campus Verlag.

Schäfer, J., Cantoni, E., Bellettini, G., & Berti Ceroni, C. (2021). Making Unequal Democracy Work? The Effects of Income on Voter Turnout in Northern Italy. *American Journal of Political Science, n/a*(n/a). https://doi.org/10.1111/ajps.12605.

Schaible, L. M., & Altheimer, I. (2016). Social Structure, Anomie, and National Levels of Homicide. *International Journal of Offender Therapy and Comparative Criminology, 60*(8), 936–963. https://doi.org/10.1177/0306624X15595420.

Schattschneider, E. E. (1960). *The Semi-Sovereign People: A Realist's View of Democracy in America (New York: Holt, Rinehart and Winston, 1960).*

Simon, J. (2019). For a Human Rights Approach to Reforming the American Penal State. *Journal of Human Rights Practice, 11*(2), 346–356. https://doi.org/10.1093/jhuman/huz025.

Snowdon, C. (2010). *The spirit level delusion: Fact-checking the left's new theory of everything.* Little Dice.

Sobotka, T. (2017). Post-transitional fertility: The role of childbearing postponement in fuelling the shift to low and unstable fertility levels. *Journal of Biosocial Science, 49*(S1), S20–S45. https://doi.org/10.1017/S0021932017000323.

Solt, F. (2010). Does Economic Inequality Depress Electoral Participation? Testing the Schattschneider Hypothesis. *Political Behavior, 32*(2), 285–301. https://doi.org/10.1007/s11109-010-9106-0.

Sørensen, R., Iversen, J., From, J., & Bonesrønning, H. (2016). *Culture and school performance: Evidence from second generation immigrants to Norway.*

Spencer, N. (2001). The social patterning of teenage pregnancy. *Journal of Epidemiology & Community Health, 55*(1), 5–5. https://doi.org/10.1136/jech.55.1.5.

Stamatel, J. P. (2009). Correlates of National-level Homicide Variation in Post-Communist East-Central Europe. *Social Forces, 87*(3), 1423–1448. https://doi.org/10.1353/sof.0.0179.

Steelman, B. (2016). *Examining World-System and Income Inequality Effects on Incarceration Rates: A Cross-National Study.* https://shareok.org/handle/11244/41709.

Stenius, K. (2015). The social gradient of violence and aggression. *Nordic Studies on Alcohol and Drugs, 32*(5), 447–448. https://doi.org/10.1515/nsad-2015-0044.

Stickley, A., Leinsalu, M., Kunst, A. E., Bopp, M., Strand, B. H., Martikainen, P., Lundberg, O., Kovács, K., Artnik, B., Kalediene, R., Rychtaříková, J., Wojtyniak, B., & Mackenbach, J. P. (2012). Socioeconomic inequalities in homicide mortality: A population-based comparative study of 12 European countries. *European Journal of Epidemiology, 27*(11), 877–884. https://doi.org/10.1007/s10654-012-9717-3.

Stockemer, D. (2015). Turnout in developed and developing countries. *Political Science, 67*(1), 3–20. https://doi.org/10.1177/0032318715585033.

Stockemer, D. (2017). What Affects Voter Turnout? A Review Article/Meta-Analysis of Aggregate Research. *Government and Opposition, 52*(4), 698–722. https://doi.org/10.1017/gov.2016.30.

Sum, P., & Bǎdescu, G. (2018). Does inequality erode cooperation in the classroom? Evidence from PISA 2015. *Center for the Study of Democracy Working Paper Series.* https://commons.und.edu/pssa-fac/2.

Sutton, J. R. (2004). The Political Economy of Imprisonment in Affluent Western Democracies, 1960–1990. *American Sociological Review, 69*(2), 170–189. https://doi.org/10.1177/000312240406900202.

Sztompka, P. (1999). *Trust: A sociological theory.* Cambridge university press.

Theocharis, Y. (2011). Young people, political participation and online postmaterialism in Greece. *New Media & Society, 13*(2), 203–223. https://doi.org/10.1177/146144481037 0733.

Uslaner, E. M., & Brown, M. (2005). Inequality, Trust, and Civic Engagement. *American Politics Research, 33*(6), 868–894. https://doi.org/10.1177/1532673X04271903.

van Deth, J. W. (2002). Sozialkapital/Soziales Vertrauen. In M. Greiffenhagen, S. Greiffenhagen, & K. Neller (Hrsg.), *Handwörterbuch zur politischen Kultur der Bundesrepublik Deutschland* (S. 575–579). VS Verlag für Sozialwissenschaften. https://doi.org/10.1007/ 978-3-322-80358-0_104.

van Deurzen, I., van Ingen, E., & van Oorschot, W. J. H. (2015). Income Inequality and Depression: The Role of Social Comparisons and Coping Resources. *European Sociological Review, 31*(4), 477–489. https://doi.org/10.1093/esr/jcv007.

van Hoorn, A. (2015). Individualist–Collectivist Culture and Trust Radius: A Multilevel Approach. *Journal of Cross-Cultural Psychology, 46*(2), 269–276. https://doi.org/10. 1177/0022022114551053.

Vincens, N., Emmelin, M., & Stafström, M. (2018). Social capital, income inequality and the social gradient in self-rated health in Latin America: A fixed effects analysis. *Social Science & Medicine, 196*, 115–122. https://doi.org/10.1016/j.socscimed.2017.11.025.

Wacquant, L. (2009). *Punishing the poor.* duke university Press.

Wilkinson, R. G. (2002). *Unhealthy Societies* (0 Aufl.). Routledge. https://doi.org/10.4324/ 9780203421680

Wilkinson, R., & Pickett, K. (2016 [2010]). *Gleichheit: Warum gerechte Gesellschaften für alle besser sind* (5. Aufl.). Haffmans & Tolkemitt.

Datenquellen

Dražanová, L. (2020). Introducing the Historical Index of Ethnic Fractionalization (HIEF) dataset: Accounting for longitudinal changes in ethnic diversity. Journal of open humanities data, 6. Letzter Zugriff: 13.03.2022.

EVS. (2021). EVS Trend File 1981–2017 (2.0.0) . GESIS Data Archive. https://doi.org/10. 4232/1.13736. Letzter Zugriff: 13.03.2022.

Haerpfer, C., Inglehart, R., Moreno, A., Welzel, C., Kizilova, K., Diez-Medrano, J., Lagos, M., Norris, P., Ponarin, E., & Puranen, B. (2021). World Values Survey Time-Series (1981–2020) Cross-National Data-Set (2.0) . World Values Survey Association. https:// doi.org/10.14281/18241.15. Letzter Zugriff: 13.03.2022.

International IDEA. (2022). Voter Turnout Database. https://www.idea.int/data-tools/data/ voter-turnout. Letzter Zugriff: 20.04.2022.

Solt, F. (2020). Measuring Income Inequality Across Countries and Over Time: The Standardized World Income Inequality Database. Social Science Quarterly, 101(3), 1183–1199. https://doi.org/SWIID Version 9.2, December 2021. Letzter Zugriff: 20.04.2022.

OECD. (2022). Reading performance (PISA) (indicator). TheOECD. http://data.oecd.org/ pisa/reading-performance-pisa.htm. Letzter Zugriff: 20.04.2022.

World Bank, World Development Indicators. (2021a). Adolescent fertility rate (births per 1,000 women ages 15–19). https://data.worldbank.org/indicator/SP.ADO.TFRT. Letzter Zugriff: 13.03.2022.

World Bank, World Development Indicators. (2021b). GDP per capita, PPP (current international $). https://data.worldbank.org/indicator/NY.GDP.PCAP.PP.CD. Letzter Zugriff: 13.03.2022.

World Bank, World Development Indicators. (2021c). Intentional homicides (per 100,000 people). https://data.worldbank.org/indicator/VC.IHR.PSRC.P5. Letzter Zugriff: 13.03.2022.

World Prison Brief, Institute for Crime & Justice Policy Research. (2022). World Prison Brief data. https://www.prisonstudies.org/world-prison-brief-data. Letzter Zugriff: 20.04.2022.